怪談標本箱《かいだんひょうほんばこ》

雨鬼《うき》

戸神重明 著

竹書房文庫

※本書に登場する人物名は、様々な事情を考慮してすべて仮名にしてあります。また、作中に登場する体験者の記憶と体験当時の世相を鑑み、極力当時の様相を再現するよう心がけています。現代においては若干耳慣れない言葉・表記が登場する場合がありますが、これらは差別・侮蔑を意図する考えに基づくものではありません。

まえがき　――慟哭の教室

私は群馬県高崎市で生まれ育ち、現在も住んでいる。関東地方の北西部に位置する群馬県は『地域ブランド調査二〇一二　都道府県ランキング』で全国最下位となり、笑いのネタにされたこともあった。

確かに思い当たる節はある。まず、内陸で海がない。山は多いが、中部地方などの雄大な山々と比べると、どうしても見劣りする。川の水も首都東京のためのダム工事や護岸工事の影響を強く受けており、一部の地域を除けば、決して清らかとはいえない。有名な温泉はあるものの、温泉の総数では全国のトップクラスに入らない。人口も二百万弱と、大都市があるわけでもなく、誇れるものが少ない〈中途半端な田舎県〉という印象がある。

また、私は九年前から取材に基づいた怪談を書いてきたが、不思議な体験をしたことはあっても、幽霊を目にしたことは一度もなかった。そこで友人知人、親戚からの取材を終えてしまうと、インターネットでネタを集めてきた。だが、気持ちよく取材に応じて下さる方は北海道や近畿地方などの遠方に多く、群馬県民からは無視されがちであった。

何となく、故郷を愛しながらも憎んだ詩人、萩原朔太郎の気持ちがわかるような気がして悲しかった。しかし郷土が笑いものにされていることといい、どちらも悔しかったので、自分の身の周りだけでも面白くしたいと、〈高崎怪談会〉というイベントを地元で定期的に催すことにしたのである。やはり初めは県外からの参加者が大半を占めたが、回を重ねるごとに群馬県民の方々が集まり、熱心に応援して下さる方も増えてきて、おかげさまで地元のネタも沢山取材できるようになった。手始めにその一話を紹介してみたい。

平成五年、当時女子中学生だったS美さんは、高崎市内にある学習塾に通っており、そこで別の学校に通う少女と仲良くなった。九月中旬のことである。いつもは陽気な少女が、その日は暗い顔をしていて元気がなかった。

塾の教室は二階にあったので、休憩時間になるとS美さんは一階へ下りて自動販売機で飲み物を買った。そして戻ろうとしたとき、近くに幼稚園児くらいの男の子が立っていることに気づいた。時刻は午後八時半頃、幼児が一人歩きをする時間帯ではなかったが、

（誰か、塾の生徒の弟かしら。親が迎えに来て、一緒についてきたんだろうな）

と、気にせず二階へ上がってゆくと、廊下に先程の男の子がいて、こちらを見ている。

（あれ、追い越されてないのに……）

S美さんは不思議に思った。視線が合ったが、男の子は無表情で、青白い顔にはどこと

なく陰が浮かんでいる。彼はふいと歩き出して教室に入っていった。あとからS美さんが教室に入ると、男の子はどこにもいなかった。おまけに教室では、例の仲の良い少女が席に着いたまま、人目も憚らずに慟哭している。

「どうしたの？　ねえ、何があったの？」

少女は泣きながら、やっと答えた。

「あたしの親戚の子がね、誘拐されて、殺されたのよ……。今日が命日なの……。そのことを考えたら、急に涙が止まらなくなって……」

あの子がそうだったのか、とS美さんは悟ったが、余計に少女を悲しませてしまいそうな気がしたので、黙っていることにした。


昭和六十二年九月、Y・Oちゃん（当時五歳）は高崎市内にある自宅近くの神社で遊んでいたところを誘拐され、二日後に同じ市内の観音山丘陵を流れる寺沢川から遺体となって発見された。死因は生きたまま川に投げ落とされたことによる溺死であった。

平成十四年、事件は犯人が逮捕されることなく時効を迎えている。身の代金目的の誘拐事件としては、戦後初の未解決事件となった。

目次

怪談標本箱《かいだんひょうほんばこ》
雨鬼《うき》

戸神重明

雨

雨の日の話をする。〈高崎怪談会〉に二度参加して下さった女性S美さんは、子供の頃から不思議な現象にしばしば遭遇してきたという。

JR高崎駅の西口側には、江戸時代の城下町を起源とする中心街が広がっている。江戸時代の高崎は、現在の長野県や新潟県から移住して商売を始めた人々が数多くいたようで、〈小江戸〉と呼ばれ、商業都市として栄えてきた。現在も鉄道交通における便の良さは、県庁所在地である前橋市を凌いでいる。

S美さんの実家は以前、高崎駅の近くで飲食店を経営していた。一階が店舗で、二階は居間と両親の寝室に風呂とトイレ、そしてS美さんの部屋がある。洗濯物は二階のバルコニーに干していたが、ここには庇《ひさし》がないので、急に雨が降ってきたときには濡れてしまう。

ところが、S美さんが小学生の頃からそんなときに限って、しゃがれた女性の声がする。

「M野さあん！　雨だよう！」

M野さんというのは、S美さんの結婚前の姓である。

隣に古い墓地があって、声はいつもそちらから聞こえてくるのだが、窓から外を見ても誰もいない。ただ、おかげで洗濯物を濡らすことなく済んでいた。中学生になってからもS美さんが一人で二階にいるときに限って、その声が聞こえたという。

ある日、前々から不可解に思っていた彼女は両親に訊いてみた。

「ねえ。雨が降ると、いつも『M野さあん、雨だよう!』って、教えてくれる人がいるんだけどさ、あれ、誰なのか知ってる?」

しかし、両親は訝しげに顔を見合わせた。

「そんな声、聞いたことないぞ」

「私もないよ。一度も」

今度はS美さんが訝しく思う番であった。

「おかしいわねえ。たぶん、近所の人なんだろうけど……」


S美さんは高校を卒業すると、東京の大学へ進み、実家を出てアパートで一人暮らしを始めた。その間に隣の墓地は管理する者がいなくなり、取り壊されて飲み屋街に変貌してしまった。

七月のある日、S美さんは久々に実家へ帰ってきた。夜中に自室で寝ていると、急に大きな雨音が聞こえてきたという。

「M野さん、雨だよ！」

「M野さあん！　雨だよう！」

また女性の声が聞こえてくる。とはいえ、この夜は洗濯物を干していなかった。それにひどく眠かったので声を無視していると、今度は呼び鈴が激しく鳴り始めた。両親には聞こえていないのか、一向に出る気配がない。うるさくて我慢ができなくなった彼女は仕方なくベッドから起き出し、階段を下りて一階の玄関へと向かった。

玄関のドアを開けると――。

そこには真っ白な着物を着た痩身の女が立っていた。年の頃は四十五、六歳の見知らぬ顔で、引っ詰めに結った髪も白い着物も、降り頻る雨にぐっしょりと濡れている。

「いい加減にしないい!!」

女がしゃがれた大声で怒鳴った。眉を吊り上げてこちらを睨んでいる。

「雨だって言ってるだろう!!」

だが、そこまで言い終えると、一瞬にして女の姿は消えてしまった。

S美さんは呆然とするばかりだったが、それを最後に、雨が降った日に洗濯物を干していても、女の声が聞こえることはなくなったそうである。

夜の一本道

S美さんは大学を卒業してからも東京で働いていたが、結婚すると高崎に戻ってきて、実家近くのマンションに新居を構えた。

冬の晩のことである。彼女は地元の幼馴染みから飲み会に誘われ、徒歩で十分程度の居酒屋へ行くことになった。新居からその店まで行くには、表通りか裏通りのどちらかを選ぶことになるが、表通りはやや遠回りになる。片や裏通りは長い一本道で、車は一方通行であまり通らず、街灯も少ないため、夜間は都市部にしては暗く、通行人も多くない。S美さんは気が進まなかったが、集合時間に遅れそうだったので裏通りを選んだ。

午後七時過ぎ、彼女が裏通りの歩道を足早に歩いていると、前方に人影が見えてきた。同じ方向へ歩いている。

その人影が、やけに黒かった。

辺り一帯は確かに暗いのだが、沿道に建ち並んだ民家から点々と灯りが漏れているので、墨で塗り潰したような真っ暗闇というわけではない。にも拘らず、相手の姿は頭や手足の先まで真っ黒で、性別や年恰好はわからなかった。中肉中背の男性のようにも、大柄な女性のようにも見える。ゆっくりと歩いていた。

（黒い服を着ているのかしら？）

初めはさして気にならなかった。S美さんは女性としては歩くのが速いほうだし、とくにこのときは急いでいたので、一気に人影を追い越そうとした。

だが、そこで相手の足が急に速くなった。なかなか距離が縮まらない。五、六メートルの間隔が開いた状態が続き、すぐには追いつくことができなかったという。

やがて黒い人影が変形を始めた。楕円形をしていた頭が尖ってきて、三角形に変わると、両手を水平に大きく広げ、左右にゆらゆらと揺れ出した。さらに、つい先程まで二本足で歩いていたのに、いつの間にか一本足になって前方へ飛び跳ねている。その姿はまるで案山子《かかし》か、巨大な弥次郎兵衛《やじろべえ》のようであった。

（あ、人間じゃないんだ！）

〈黒いモノ〉は変形を続けて、胴も顔よりも大きな三角形に変わってきた。その姿は、どことなく串に刺さったおでんのようでもある。また、足の数が減ったせいか、前進する速度が落ちていた。

どうしよう――少しの間、戸惑ったが、怪異を見慣れているS美さんは、早くこの一本道から抜け出そうと決意し、一気に〈黒いモノ〉を追い越すことにした。歩道の横幅は一メートル余りしかない。追い越す際に接触したくなかったので、車が来ないのを確認すると、一旦車道に下りて歩く速度を上げ、距離を詰めていった。

しかし、いよいよ真横に並んだとき、つい気になって相手のほうを見てしまった。その瞬間に気づいたのだが、〈黒いモノ〉にはほとんど厚みがなく、紙のように薄い姿をしていた。完全な平面で、前後にひらひらと力なく揺れている。それでも一歩、前に跳ねた。

(何なのよ、こいつ⁉)

五メートルほど追い越してから、歩道に駆け上がって、また振り返ってみると――。

今度は一転して、〈黒いモノ〉には人間と同じ程度の厚みが生じていた。つまり横からは平面に見えるのだが、後ろや前からは立体に見えるものらしい。

おまけに〈黒いモノ〉は、突然力強く、ばね仕掛けの玩具のように一本足で跳ねながら追いかけてきた。これまでとは速度が違う。

(やだ、気持ち悪いっ!)

S美さんは肝を潰し、懸命に走って逃げた。走りながら振り返ると、〈黒いモノ〉は一段と速度を上げて追走してくる。捕まったらどうなるのかわからないが、だからこそ捕まりたくはなかった。S美さんは全力疾走で逃げ続けた。

居酒屋や飲食店が多い十字路まで来ると、夜道が明るくなる。幸い信号が青だったので、横断歩道を渡ってから、また振り返った。

すると、〈黒いモノ〉は十字路の角に佇んでいた。追ってくる気配はないようだ。裏通りはまだ一直線に続いているのだが、この十字路から先へは行けないらしい。

S美さんはひと安心して立ち止まった。いきなり走ったので息が切れて胸が痛い。〈黒いモノ〉の姿を凝視すると、三角形をした頭部には、髪の毛らしきものはまったく生えておらず、顔に目鼻や口はなく、ただ真ん中に大きな丸い穴が一つ開いていた。それは後頭部まで貫通していて、穴の向こうから街灯の光が差し込んでいる。胴や手足に衣服は着けていないのか、表面は黒いだけでつるりとしていた。

もう大丈夫だろう、と判断したS美さんは集合場所の居酒屋へと急いだ。途中で何度も振り返ってみたが、〈黒いモノ〉が追いかけてくることは二度となかった。

けれども、それ以来、夜間にこの一本道を通ることは避けているという。

四月の老婆、他二編

二〇一六年四月上旬、週末のことである。S美さんは両親に用事があって、小中学生の子供三人を連れて実家へ行くことにした。また、御主人は職場の仲間たちから、公園で花見をしよう、と誘われていたので、一家五人は一緒に家を出た。

天気は快晴で、風のない、麗らかな春の午後である。

高崎市の中心街が江戸時代の城下町を起源としていることは既に述べたが、中でも江戸時代に栄えていたのが『お江戸見たけりゃ高崎田町』とも謳われた田町界隈で、そこを通る県道二十五号は通称〈田町通り〉と呼ばれている。五人がその〈田町通り〉を歩いてゆくと、細い横道と交差する場所まで来た。そこは信号がなくて車が出てくることがあるので、S美さんたちは必ず一旦立ち止まり、安全を確認することにしていた。

車も人も来ていない。S美さんは御主人と並んで子供たちの前を歩き、横道を渡った。

そのとき、「すみません」としゃがれた声で呼び止められた。振り返ってみれば、横道から七十代後半くらいの小柄な老婆が出てくるところであった。

（えっ！　お婆さんなんていたの⁉）

たった今、横道を確認したときには誰もいなかったはずだ。まるで老婆が突然湧き出てきたかのようである。御主人も同じことを考えていたのだろう、目を丸くしていた。その上、日なたにいると汗ばむほどの陽気だというのに、老婆の服装は黒ずくめで、ニットの帽子を被り、厚手のコートを着て、冬物のズボンを穿き、首にマフラーを巻いていた。

「あのう……○×屋に行きたいんですけど、道を教えてもらえませんか？」

老婆が穏やかな口調で、ある店の名を告げる。

「ああ……それなら、私たちも同じほうに行くので、一緒に参りましょうか」

S美さんは心を落ち着けて歩き出したが、老婆の服装は気になっていた。まもなく十字路に出ると、花見に向かう御主人はそこを右折するため、皆と別れた。S美さんは老婆と並んで十字路を左折し、高崎駅方面に進む。足が速い子供たちは二人の前に出て歩き始めた。やがて老婆が、

「おかしいでしょう、この格好」

S美さんが先程から考えていたことを口にした。

「ひと月ぐらい草津温泉に行ってたので……」

「そうでしたか。いえいえ、変じゃないですよう」

草津温泉は同じ群馬県でも北西部の高地にあるので、四月でも寒い。S美さんは厚着の

理由を聞いて納得したが、まだ不思議なことがあった。〇×屋は高崎駅近くにあるのに、なぜずっと手前にいたのか、ということだ。同じ中心街でも四百メートルは離れている。

するとと老婆は、

「実はね、あそこで息子に車から降ろされちゃって……」

と、またS美さんが考えていたことを言い当ててきた。

やっぱり不思議な人だな、とS美さんは思ったが、

「そうなんですかぁ。もう少し駅の近くで降ろしてくれれば良かったのにね」

笑顔を作って調子を合わせていると、ちょうど目的地の店が見えてきた。

「あそこが〇×屋ですよう」

店の前まで来ると、老婆は何度も頭を下げて礼を言った。そのときS美さんは、子供たちがなぜか老婆の足元を見つめていることに気づいた。

「さあ、行こう」とS美さんは子供たちを促して老婆と別れ、実家があるほうへ向かって歩き出したが、少しして中学生の長男が騒ぎ出した。

「お母さん、あのお婆ちゃん、変だったよね！」

「何で？」

「影がなかったよ！」

「えっ？」

「あのお婆ちゃんだけ影がなかったんだよ！　みんなの影はあるのにさぁ！」

小学生の次男と長女も「そうそう！」と頷いている。そういえば、別れ際に子供たちは老婆の足元を気にしていた。だが、今言ってはいけない、と子供心に思ったらしい。

「そんなことが……。でも、確かに変な人だったわねえ」

S美さんと子供たちは実家に到着して用事を済ませ、夜には自宅に戻ってきた。それから少しして御主人も帰ってきた。そこで老婆のことを話すと、「やっぱりな……」と酒に酔って上機嫌だった御主人の顔つきが真剣なものに変わった。

「俺もあの婆ちゃん、何となく気になったので、おまえたちと別れてすぐに振り返ってみたんだよ。そうしたら、あの婆ちゃんがいなかったんだ。おまえと子供たちだけが歩いていくのが見えたので、どこへ行ったのかな、と思っていたんだ」

実は、S美さんは〈見える人〉なのだが、御主人や子供たちは〈見えない人〉なのである。しかし、彼らも一緒にいるときには見えてしまうことがあるらしい。とくにこの日は、S美さんだけが不審に思いながらも大きな異変に気づかずにいたそうだ。

＊

ある日の昼間、S美さんは徒歩で高崎駅近くの三叉路を通りかかった。彼女の前方には若い女性が歩いている。その先に白髪を結った小柄な老婆が、歩道の真ん中に佇んでいた。茶色のブラウスを着て紺色のズボンを穿いており、見た目は普通の老婆のようだが、こちらに背を向けていて顔が見えない。前を歩いていた女性がその老婆をよけて進もうとした。ところが、老婆が横へ移動して女性の前に立ち、進路を塞いだ。女性は立ち止まって逆の方向へよけようとしたが、老婆はそちらに動いて、また進路を塞ぐ。

「コン！」

老婆が鳴いた。女性はそれから二度、行く手を塞がれたが、ついには大きく跳躍しながら横へ回り込み、老婆をかわすことに成功した。

「コン！　コーン！」

老婆が悔しそうに鳴く。

（あ、お狐だな）

一部始終を見ていたS美さんは、前を歩いていた女性と同じ要領で、大きく跳躍しながら一回で老婆をかわした。足を止めて振り返ると、老婆はまだそこに立っている。ただし、既に背を向けていて、どんな顔をしているのか、確認することはできなかった。

向こうから中年の男性が歩いてくる。老婆は同じように行く手を塞ごうとしたが、男性はその場を平然と通り抜けた。接触したはずなのに、老婆の身体を突き抜けたのだ。

（ははあ、さっきの女性は私と同じ〈見える人〉で、あの男性は〈見えない人〉なのね）

S美さんは何事もなかったかのように、また歩き出した。

＊

夏の夕方、S美さんは御主人とスーパーへ買い物に出かけた。野菜や精肉などを籠に入れてレジへ向かうと、はたと猛烈な悪臭が漂ってきた。前に背の高い男の客が並んでいて、そこが発生源のようだが、男が着ている鮮やかな緑色のシャツに目立った汚れは見られなかった。それに長らく風呂に入っていない人間の体臭とは、明らかに違った臭いに思える。

（これって、もしかしたら……）

S美さんが考え始めたとき、御主人も顔を顰《しか》めながらささやいた。

「なあ。これ、死臭じゃないか？」

動物の死骸が腐敗した臭いだ。S美さんは、東京にいた頃にアルバイトをしていた喫茶店で、冷蔵庫の裏から猫のように大きなドブネズミの死骸が見つかったときのことを思い出した。二人は目で合図してそのレジから離れ、隣のレジに並び直した。

ただ、奇妙なことに、店員や他の客たちの様子を窺うと、まったく気にしている素振りがない。S美さんはレジが済んでからも緑色のシャツの男を目で追っていた。男が買った品物をレジ袋に入れているときに顔が見えたが、日本人か、アジア系の外国人らしい。

しかも男が出口に向かって歩き出すと、急に背丈が伸び始めた。いや、背丈というよりも、頸部だけが長く長く伸びてゆくのだ。轆轤首《ろくろくび》のように。やがて頭の天辺《てっぺん》が天井まで届きそうになったが、そこで男はスーパーから出てゆき、姿が見えなくなった。

「あの人、生きた人間じゃなかったね」

S美さんが小声で言うと、御主人が怪訝な顔をした。

「……誰が？」

「今出ていった、緑の服を着た男よ。さっきレジの前にいたでしょう」

「いいや。俺は死臭を嗅いだだけだよ。そんな人がいたのかい？」

話が嚙み合わない。実は、御主人には緑色のシャツを着た男の姿が見えていなかったそうである。

屋敷蛇

高崎市出身のS子さんが、子供の頃に祖母から聞いた話である。

当時、S子さんの祖母は五十代後半であった。同居はしていなかったが、同じ町に住んでいて、共働きの両親の代わりによく面倒を見てもらっていた。祖父母の家は庭に昔から大きな蛇が棲み着いていた。それは長さが二メートルを優に超えるアオダイショウで、胴回りは幼かったS子さんの腕よりも太く見えたそうである。

祖父母はその蛇を嫌っていなかった。毒蛇ではないし、昔の家屋にはネズミが侵入してくることが多く、アオダイショウはそれを食べてくれるからだ。そのため家を守ってくれる神聖な〈屋敷蛇〉と考え、決して傷つけないようにしていた。

ところで、その頃、S子さんが生まれ育った町では、老人が急病で次々に亡くなっていた。疫病が流行していたわけではなく、二十代から四十代の人々も事故や自殺などで数人が亡くなったのだ。町では葬式が頻繁に行われ、誰もが不安に思い、気味悪がっていたという。

そんなある夜、祖父母が仏間に布団を敷いて寝ていると、祖母は夜中にふっと目を覚ました。時計を見れば、午前二時過ぎである。

(丑三つ時か……。変な時間に目が覚めちゃったなぁ)

祖母がそう思ったとき、廊下のほうから幽かな物音が聞こえてきた。この部屋は祖母から見て左側に障子、その向こうに廊下がある。

ぱさ……。ぱさ……。ぱさ……。ぱさ……。障子にハタキを掛けるような音であった。廊下に何かがいて、障子を擦っているのだろうか。

ぱさっ……ぱさっ……。ぱさっ。ぱさっ。ぱさっ。ぱさっ。ぱさっ。

音が大きくなり、間隔も短くなってくる。祖母の双眸には障子の向こうに誰かが立っているのが見えた。仏間も廊下も真っ暗だったし、ましてや障子が閉まっているというのに、どういうわけか、障子がガラス戸のように透けて見え、相手の姿が確認できたという。

白い着物を着て俯き、長い髪を垂らした女であった。頭を何度も左右に振って、腰の辺りまである豊かな髪の毛を障子に擦りつけている。顔はよく見えなかった。

元来〈見える人〉である祖母は、そう直感した。

(あっ、これは生きた人間じゃない!)

女の頭の振り方が激しくなってくる。それとともに、ざあ、ざあ、という箒で掃くような音も聞こえてきた。ぱさっ、ざあ！　ぱさっ、ざあ！　ばさっ、ざあっ！　ばさっ、ざあっ！　ばさっ！　ざざあっ！　ばさっ！　ざざざあっ！　ざざざざあっ！

まるで憎悪の念を込めて髪の毛を硬化させながら、障子に叩きつけているかのようだ。

（これは、悪いものが来てしまった――）

祖母は同じ町から続々と死者が出ていることを思い出した。この女が関係しているのかもしれない。たちまち全身に震えが走る。隣で寝ている祖父を揺り起こそうとしたが、なかなか起きてくれなかった。駄目だ、と祖母は布団を頭から被った。

（気づかないふりをしよう。その間にいなくなっておくれ）

鼓動がやけに大きく聞こえ、緊張して喉が渇く。しばらくして布団から顔を出してみると、女は依然として障子の向こうに佇んでいた。まだいる！　再び布団に潜った。

やがて、しゅうっ、しゅうっ……と息を吐くような音が聞こえてきた。

さらに、ばん！　と女の身体が障子に当たったらしい大きな物音がして、そのあと廊下を遠ざかってゆく足音が続いた。一体、何が起きているのだろう？　祖母が次に布団から恐る恐る顔を出したとき、女は既にいなくなっていた。

（良かった。もう大丈夫そうね……）

安堵した途端、祖母は眠りに落ちていたという。

朝になってから障子を調べてみたが、異変は見当たらず、家の中を見て回ったものの、出入り口にはすべて鍵が掛かっており、外部の者が侵入した形跡はなかった。

祖母は祖父を仕事に送り出すと、日課である掃除を始めた。明治や大正生まれの人々は、毎日よく掃除をして常に家の中を綺麗にしていたものだが、彼女もそうであった。家中の床を速やかに箒で掃いて、雑巾掛けをする。それが終わると、庭を竹箒で掃き始めた。

そのとき、庭の芝生の上に〈屋敷蛇〉を発見した。ところが、どうも様子がおかしい。腹を上に向けて長々と伸びており、金蝿が留まっていた。

「ちょっと、ごめんね」

祖母は〈屋敷蛇〉に謝ってから、竹箒の先でその身体を軽くつついてみた。金蝿が飛び立つ。〈屋敷蛇〉は口を開けていて、まったく動かなかった。

死んでいたのである。口から血を吐いていたが、他に目立った外傷はなく、死因はわからなかった。

祖母は気の毒に思って庭の隅に穴を掘り、〈屋敷蛇〉を埋めて花を供え、線香を上げてやった。ペットだったわけでもないのに、いたく寂しい気がしたという。

その後、祖母があの女と遭遇することは二度となかった。女の正体はわからずじまいとなったが、町から頻繁に死者が出ることはなくなったそうである。

あれが悪い

Ｚさんは多趣味な三十代の男性で、趣味の一つにサバイバルゲームがあり、サークルに加入している。彼が二十一歳の冬のこと、年上のメンバーたちから頼まれて、泊まりがけの忘年会を幹事として催すことになった。そこで会場として高崎市内の某宿泊施設を選んだ。理由は彼がその近くで生まれ育ち、経営者と知り合いだったからである。

十二月の土曜日の夜。忘年会には男性ばかり三十人ほどが集まった。酒食を楽しんだあと、大広間の座敷で雑魚寝をする。他の人たちは布団に入ると早めに眠ってしまったが、当時は参加者の中で最も若く、元気だったＺさんはまだ目が冴えていて、まったく眠くなかった。そこで持参した文庫本を一人、深夜まで読んでいた。

午前二時近くになり、そろそろ眠ろうかと、電灯を消して布団に入る。彼の布団は部屋の隅の窓際に敷いてあった。目を閉じていると……。

どこからか、にぎやかな話し声が聞こえてきた。おそらく隣室からだろう。

（隣、やけに騒いでるな）

だが時計を見ると、午前二時である。酒を飲んで騒ぐには遅い時間であった。Ｚさんは不可解に思い、聞き耳を立ててみた。男女が会話をしているらしい。

「あれが悪い」「あれが悪い」「あれが悪い」「あれが悪い」「あれが悪い」

「あれが悪い」「あれが悪い」「あれが悪い」「あれが悪い」「あれが悪い」

男女の声が交互にそればかりを繰り返していた。

(何だろう？　同じことばかり言ってやがるな)

五分ほどして、

「あれ、聞こえるかい？」

隣で寝ていた二つ年上の先輩がいつの間にか起きていて、話しかけてきた。

「あ、起きてたんスか？　聞こえますよね。なんスかねえ、あれ？」

「わからねえ。何て聞こえる？」

「〈あれが悪い〉としか、聞こえないんスけど」

「だよな。俺にもそう聞こえる。何だろうな？　女の声が聞こえるよな」

「えっ。自分には、男と女の声が聞こえますが……」

「いや、俺には女の声しか聞こえないぞ」

Zさんが不思議に思っていると、隣室に面した壁のほうから、ガリガリ！　ガリガリガリガリ……と刃物か工具でも使って、壁を強く引っ掻くような音が聞こえてきた。

「ん……？」

「今度は何をしてるんでしょう？　嫌な音ですね」

Zさんが不快に思っていると——。

ドン！　ドン！　ドン！　ドン！　と壁を叩く大きな音がして、さらに、

「どおお、あああ！　そおお、あああ！」「だらら、ららららら、るううう、らああ！」

と、節をつけた男女の声が聞こえてくる。曲名はわからないが、歌を唄っているらしい。

それが耳障りなほどの大音響となり、ひと頻《しき》り続いたあと、急に静かになった。

Zさんたちは暗闇の中で顔を見合わせた。先輩が首を傾げる。

「何だったんだろうね？」

Zさんも薄気味悪く思った。それから数時間は眠ったが、冬の遅い夜明けが訪れる前に目が覚めてしまった。じきにZさんは深夜のことを思い出して、

（隣の部屋の客って、どんな連中なんだろう？　あんな夜中に何をやってたのかな？）

好奇心を覚えて大広間を出ると、廊下に佇んで隣室から客が出てこないか、しばらく様子を窺っていた。しかし、客は一人も出てこない。やがて朝食の時間となったが、隣室は静まり返っていて、客が出入りしている気配はなかった。腑に落ちなかったZさんは、チェックアウトするときに宿泊施設の経営者を見かけたので、思い切って訊ねてみた。

「あのう……夜中に、隣の部屋から変な声や音が聞こえてきたんですけど……」

経営者の男性は苦い薬でも飲んだような表情を浮かべた。

「あ、聞いちゃった？〈あれが悪い〉って奴？」

「知ってたんですか！　何なんですか、あれ？」

「毎年この時季にだけ、出るものなんだいね」

「はあ……？　それ、幽霊ってことですか？」

「正体はわからないんだ。ただ、毎年この時季になると、お客様から苦情が来るんだいね」

「それって、あの部屋で、前に事件でもあったとか？」

「いや、ないよ。何もないから。心配しないでね」

知り合い同士なので、ここからは苦笑しながらの会話となる。

「でも、何で、そんな部屋に泊めたんですか？」

「いや、出るのは隣の部屋だから大丈夫だろう、と思ったんだよ。他の部屋にいても聞こえるとは、思わなかったからさぁ」

そんな事情があるので、隣室には客を泊めていなかったという。

ちなみに、この宿泊施設は今でも営業している。

放課後の謎

昭和五十年代、高崎市街地の小学校では〈ハンドベース〉と呼ばれる遊びが少年たちの間で流行していた。ソフトボールに近いルールで、道具はゴムボールしか使わない。投手はゴムボールを下から投げ、打者は素手で打つ。野手も素手で捕球し、走者にゴムボールをぶつけるか、ベースを先に踏むとアウトになる、というものであった。当時、小学五年生だったA男さんは、放課後に校庭で級友たちとそのハンドベースをして遊んでいた。

すると、空から大きな鳥が急降下してきた。級友の一人が大声を出しながら上空を指差したので、A男さんもそちらを見た。それは一羽のトビであった。トビは少年たちの頭上を通過すると、校舎の二階の窓枠に舞い降りた。

「うわ、トンビだ！」

「でっけえ！」

当時の高崎市街地では、空高く舞うトビの姿がよく見られたので、珍しい鳥ではなかったが、人間を警戒して地上近くまで降りてくることは滅多になかったのである。都市部で育った少年たちが、その大きさに目を瞠《みは》ったことは言うまでもない。このときトビが留まった窓は開け放たれていた。その校舎は一階が職員室と保健室、二階は音楽室と視聴覚室がある棟で、窓は廊下の突き当たりにあった。

A男さんは、トビが校舎に入り込むのではないかと思ったが、トビは窓枠の上で身体の向きをくるりと変え、こちらを見下ろした。

と、そこへ――。

背後から忽然と何かが現れ、トビの両足の付け根を掴んだ。トビは驚き、翼を広げて窓枠の外側へ飛び出してきた。そのためトビを掴んでいたものも見えたのだが、それは人間の逞しい両腕であった。浅黒い肌が上腕まで露出している。筋肉が盛り上がり、ボディビルダーかプロレスラーを思わせる太さがあった。トビは羽ばたいて激しく抵抗したが、両腕は手を放すことなく、やがてトビを廊下に引き込んでしまった。

「捕まえた！　凄え！　トンビを素手で捕まえたぞっ！」

少年たちは大騒ぎになった。A男さんは、男性教師の誰かだろう、と思ったという。

「行ってみようぜ！」

A男さんは正面玄関へ向かって駆け出していた。正面玄関で上履きに履き替えると、職員室の前にある階段を駆け上がった。あとから五、六人の級友がついてくる。

ところが、二階の廊下には誰もいなかった。トビの姿もなく、羽根さえ落ちていない。

A男さんが窓際まで進んで校庭を見下ろすと、七、八人の級友がいたので訊いてみた。

「トンビがいないんだあ！　逃げてったのかなあ⁉」

「いやあ！　こっからずっと見てたけど、逃げてねえよう！」

「じゃあ、トンビはどこ行ったんだ？」

「それにさぁ、あれ、誰の腕だったんだよ？」

ますます大騒ぎになり、勇気のある者が音楽室と視聴覚室の扉を開けて中を覗いたが、誰もいなかった。一階へ下りてゆくと、担任の女性教師が職員室から出てきて注意された。

「何を騒いでるの。そろそろ下校時間になるから帰りなさい」

そこでA男さんは経緯を説明したが、女性教師は笑い出した。

「トンビを……？　そんなことができる人、いるわけないでしょう」

トビの行方のみならず、両腕の主が誰なのかも、わからずじまいとなった。あとになって考えてみれば、あの学校には大柄な男性教師が何人かいたが、あれほど太くて日に焼けた腕を持った者はいなかった。用務員や事務員にも思い当たる人物はいない。おまけに他の少年たちの話を聞いてみると、両腕の主の顔や胸などを見た者は誰もいないことがわかった。二本の腕だけが空中から突き出しているように見えたらしい。

食べるんだ？

動物病院で看護師をしているT子さんは、稀に職場でいないはずの動物を目にすることがある。例えば、大きな老犬の手術中に子犬が床を走り回る光景を見たことがあった。もちろん、手術室に他の動物が入ってくることは絶対にない状況だったという。

これは職場での体験談ではないが、彼女から聞いた話である。

非番の日にT子さんは、御主人と外出して前橋市内のステーキ店に入った。平日のせいか、ランチタイムの真っ最中だというのに、その店は空いていて、客は他に一人しかいなかった。二人は窓際のテーブル席に座ると、ビーフステーキセットを二人前、注文した。

店の内装は黒を基調としており、一見落ち着いて見えるが、客が少ないせいか、どこか冷え冷えとした雰囲気が漂っている。しかも、じきに他の客は帰ってしまい、店内にいる客は彼女たちだけとなった。

いよいよステーキとライスが運ばれてきて、T子さんが食べようとしたときのこと。フォークとナイフを手にした途端、物凄い力で背中を押された気がした。背中に何かが乗った、というよりも空気が急に重くなったのだ。その迫りくる圧力に耐えられず、皿に覆い被さるような前傾姿勢になってしまう。

御主人は何も感じていないのか、食事を始めている。T子さんは何とか我慢し、肉を切って口に運んだ。

「……食べるんだ？」

突然、耳元で甲高い男の声が響いた。御主人の声ではない。驚いて振り返ろうとしたが、なかなか上体を起こすことができず、やっとの思いで首だけを横に向けると——。

窓ガラスに何かが映っていた。途轍もなく巨大な黒い影である。T子さんの背中の上に嘴《くちばし》が見えた。さらに頭があって、長い首が天井まで伸びている。巨大な影はこちらを覗き込んでいたが、やがて一度首を擡《もた》げたかと思うと、また首を垂れて覗き込んできた。目で追えば、影は天井に背中をくっつけていて、胴体は店の奥、厨房まで続いているらしい。

それは途轍もなく大きなダチョウか、あるいは絶滅した恐鳥モアの影に見えた。首を擡げては垂れるという、同じ動作を何度も繰り返している。姿はダチョウの化け物のようだが、T子さんはその動作から、子供の頃に流行した〈水飲み鳥の置物〉を思い出したという。電池やゼンマイを使うことなく、お辞儀を繰り返してはコップの水を飲む真似をする、鳥をデフォルメした置物のことである。それがT子さんを覗き込んでくる度に、

「へっへっへえ！　食べるんだあ？」

と、小馬鹿にするような口調で話しかけてきた。

「ね、ねえ……ちょっと……」

T子さんは今見ている光景を御主人に告げたが、彼には見えていないそうで、当惑するばかりであった。T子さんはやむを得ず、強烈なボディブローを食らったボクサーのように上体を屈めたまま、ステーキを食べ続けた。味は決して悪くないのだが、苦心惨憺《くしんさんたん》してようやく食べ終えると、巨大な〈水飲み鳥〉の影はこちらを向いたまま後退してゆき、厨房へと消え失せた。

「いなくなったわ……。諦めた、みたい……」

T子さんはひと安心したが、店を出ようとした、まさにそのとき、

「へっへっへえ！　食べたんだあ？」

また同じ声が耳元で響いたかと思うと、ひどい吐き気に襲われた。慌ててトイレに駆け込み、食べた物をすべて嘔吐してしまう。帰宅してからもずっと気分が悪くて、翌日まで寝込んでしまった。御主人は無事に済んだ。

このステーキ店はのちに閉店している。なお、ダチョウの肉は扱っていなかった。建物は現在も残っており、別の飲食店が入ってはいずれも長く持たずに潰れているそうだ。

赤城南面道路

　群馬県の赤城山《あかぎやま》南面には、国道、県道、広域農道など、通称〈赤城南面道路〉と呼ばれる道路が複数存在している。Eさんはその一本を深夜に車で走っていた。民家がなく、鬱然とした森の中に山道が続いている。彼が少し速度を上げると、いきなり暗闇から人影が飛び出してきた。真っ黒なロングワンピースを着ていて、髪の長い、太った女であった。

　ただし、その女は走っていたのではなく、低空を飛んでいた。直立した姿勢で両足が三十センチほど地面から離れ、空中を移動していたのである。Eさんは咄嗟にブレーキを踏んだが、間に合わなかった。車と激突した女はボンネットへ横倒しになり、フロントガラスにもぶつかってきた。Eさんは視界を塞がれたが、女はすぐさま路面に転げ落ちてゆく。車が一瞬、斜めに傾いた。車輪が女の身体を轢き潰したのだ。

　しまった！　えらいことをしてしまった！　Eさんは慌てて車を停め、道路に降り立った。けれども、女の姿はどこにも見当たらない。その代わり、車から七、八メートル後方の路上に、一羽の大きな鴉が転がっていた。鴉は翼を何度かばたばたと震わせ、白黒の糞尿を垂れ流すと、それきり動かなくなったという。

赤城山の猫

群馬県に赤城山という名の山は存在しない。この山地には多数の峰があって、それぞれに名前がつけられている。赤城山とは、その総称、つまり渾名なのである。最高峰の黒檜山《くろびさん》が標高一八二八メートルと、全国的に見れば格別高いわけではないが、長く広い裾野を持ち、前橋市、渋川市、桐生市、みどり市、沼田市、昭和村の五市一村に跨った広大な山地といえるだろう。一年を通して強い風が発生しやすく、とくに冬に吹く赤城颪《あかぎおろし》は峻烈な寒風で、群馬の冬を冷たく乾燥させる。

さて、これは秋のことだが、二十代の男性Kさんは休日に彼女を車に乗せてドライブに出かけた。彼女が菓子や飲み物を沢山持ってきた。行き先は赤城山である。前橋市街地から県道四号の坂道を上って、大沼や赤城神社、覚満淵《かくまんぶち》や小沼など、観光地を見て回った。

夕方、辺りが薄暗くなってくると、二人は来た道を引き返すことにした。

だが、幾ら坂道を下っても、なかなか街の灯りが見えてこない。

「変だな。来たときよりも走り過ぎているような……」

そのうち脇道に入ったわけでもないのに、舗装されていない林道に出てしまった。道の両側は背の高い草に覆われている。辺りは既に真っ暗になっていた。

「来たときはこんな場所、通らなかったわよ！」

「おかしいな。同じ道を通ってきたはずなのに……」

いつしか道に迷っていたらしい。二人が困惑していると――。

ヘッドライトの先に虎毛の小さな猫が浮かび上がった。砂利道の真ん中に座り込んで、通せん坊でもしているかのようである。Kさんは車を停めて降りてみた。それでも子猫は逃げない。彼女も助手席から降りてきた。そして持っていたビスケットを地面に置いてやると、子猫は警戒する素振りを見せることもなく、ガツガツと食べ始めた。

「かわいいね」

「野良猫なのかな？　家に連れて帰って、飼ってやろうか」

二人は一時、道に迷った不安も忘れて笑った。

ところが、子猫はビスケット三枚を食べ終えると、出し抜けに、

「おい。おまえら、何？」

と、人間の男の野太い声を発した。

彼女が小さな悲鳴を上げる。それでKさんは、脇道に入ったわけでもないのに道に迷っ

たことを思い出した。胸騒ぎがする。

「戻ろう！　早く！」

ここから出られなくなるかもしれない——そんな予感がした。彼女を車に乗せ、速やかにバックして子猫の前から離れる。子猫は一歩も動かず、ただこちらを見上げていた。しばらくバックを続けると、道幅が広くなった場所に出たので、急いで車の向きを変えた。

ひたすら来た道を引き返す。かなり長い時間に感じられたが、やっと舗装された道路に出ると、やがて遠くに街の灯りが見えてきた。それはKさんが知っている本来の道路で、そこを走るうちに前橋の市街地へ出ることができたという。


だが、子猫が発した言葉は、二人の心に鋭い爪痕を残すことになった。なぜ「おまえら、誰？」ではなく「おまえら、何？」と言ったのか？　それが何を意味しているのか、二人は長いこと気になって仕方がなかった。

後日、Kさんは昼間に同じ道路を通って赤城大沼まで行ったことがある。しかし、あの舗装されていない道は幾ら探してもどこにあるのか、さっぱりわからなかった。

角落山《つのおちやま》鬼談

O崎さんは多趣味な三十代の男性で、空手や柔道、キックボクシングなど、さまざまな武道や格闘技を学んできた。また、修験道を齧《かじ》ったこともあって、たまに山籠りを行っている。単独で深山幽谷に寝泊まりし、ひたすら立ち木を打ち続けるそうだ。

夏の終わりにO崎さんは、高崎市郊外の倉渕町《くらぶちまち》にある角落山で山籠りを行うことにした。この山は標高一三九三メートル、上野《こうずけ》の国（昔の群馬県）出身説がある平安時代の武将、碓氷貞光《うすいさだみつ》と戦った鬼が、その角を切り落とされて逃げ込んだ伝説が残されている。O崎さんが角落山を修行の場に選んだのは、

（貞光の霊力にあやかりたい）

との思いがあったからだという。

ミズナラなどの広葉樹が茂った森の中にテントを張ったO崎さんは、左右の拳にバンテージを巻いて修行を始めた。何も食わず、何も飲まずに何時間もの間、ひたすら同じ木の幹を打って、打って、打ちまくる。拳の皮膚が裂けて、バンテージが鮮血に染まってゆく。

午後五時半、O崎さんは疲れ切って、〈立ち木打ち〉を終了した。拳にできた傷の手当てをする。午後六時、晩夏の夕暮れは近づいていたが、日没にはまだ少し時間があった。それでも疲れ切っていた彼は早々とテントに入り、眠ろうと身を横たえた。目を閉じていると――。

きききき……。きききき……。

遠くから、細くて甲高い鳴き声が聞こえてきた。

(ヒグラシかな？　それにしては変な声だが……)

O崎さんは身動きする余力もなく、目を閉じていた。鳴き声はずっと聞こえている。

きききききき……。きききききき……。

(ヒグラシじゃないな。猿の声か？)

少しして、声がこちらに近づいてきた。その声はどんどん大きくなってきたかと思うと、ついにはテントの周囲を回り始めた。下草を踏む足音も聞こえてくる。

「うっひぇひぇひぇひぇっ……」

猿が鳴いているのでもないらしい。ようやくわかった。人間の女が笑う声だ。それも狂人のように調子が外れた声で、休むことなく笑い続けている。

(こんな時間に、こんな所へ女が一人で……？)

О崎さんは相手が生身の人間ではないことを悟った。

（まずいぞ。場所が悪過ぎる）

今の彼は己の肉体以外の武器を持たず、味方もいなければ、遠く離れた人里まで逃げる余力や身を隠す場所もない。そこで修験道を齧った際に覚えた真言の経文を唱え始めた。

女の笑い声はまだ続いている。О崎さんは誦経《ずきょう》しながら、テントのジッパーを少しずつ開けてみた。すると――。

「うっひぇひぇひぇひぇひぇっ……」

痩せた全裸の女が四つん這いになって、狼のようにテントの周囲を走り回っていた。濃くなってきた夕闇に遮られて、顔立ちや年恰好ははっきりしないが、銀色の頭髪が腰の辺りまで伸びている。時折、銀髪の間から、ぎらりと光る目をО崎さんに向けてきた。胴の真ん中が極端に細くくびれていて、胸と腰が背骨だけで繋がっているように見える。

その異様な風貌を目の当たりにしたО崎さんは、全身に鳥肌が立つのを禁じ得なかった。ただ、幸いなことに、女はテントの中まで入ってくることができないらしい。

О崎さんは夢中で真言を唱え続けた。

夕闇がますます濃くなってきて、暗黒へと変わる。夜陰に隠されて女の姿は見えなくなったが、笑い声と足音だけは依然として聞こえてくる。そこへ眠気が襲ってきた。

（眠ってはいけない……。眠っては……）

頭を振って耐えつつ、誦経を続けようとしたが、いつの間にか眠ってしまった。


目が覚めると、外が明るい。朝になっていた。

（昨日の夕方のことは、夢だったのかもしれないな）

青空を仰ぐと、そんな気さえしてくる。

だが、O崎さんが一歩テントの外に出てみると、周囲の地面がひどく荒らされていた。草が抉られ、何か大きなものを引き摺り回したような痕跡があって、彼のものとは明らかに異なる長い銀髪が沢山散乱していたという。


O崎さんは不快な気分になったが、無事だったことに胸を撫で下ろして下山した。自宅のアパートへ帰り、その夜、ベッドに横になって眠ろうとしたときのことである。

きききききき……。きききききき……。

遠くからヒグラシの鳴き声に似た声が聞こえてきた。

（まさか、あの女が？）

うとうとしかけていたO崎さんは、一気に目が冴えた。

「うっひぇひぇひぇひぇひぇっ……」

幽鬼のような女が、暗い部屋の隅に屈み込んでいる。O崎さんは跳ね起きたが、女は這いながら躍りかかってきて、彼の左膝に噛みついた。寝起きで身体が上手く動かず、かわすことができなかったのだ。左膝に激痛が走る。

O崎さんは堪らず呻いたが、すぐに真言を唱え始めた。女の歯が膝に食い込んでくる。しかし、負けずに真言を唱え続けると、女の姿は徐々に消えていった。

その姿が完全に消滅してから、電灯を点けて噛まれた部分を見ると、歯形は残っておらず、唾液すら付着していなかった。ベッドの布団や床に長い銀髪は落ちていない。

(今度こそ、夢だったのかもしれないな。悪い夢を見たんだろう)

その夜はそれだけで済んだのだが、翌日になって、O崎さんは仕事先で左膝に激痛を感じた。我慢できずに病院へ通うようになり、治療を受けたものの、なかなか良くならなかった。結局、左膝は一年後に手術を受けて、ようやく完治したという。

碓氷峠と鹿の丁字路

碓氷峠《うすいとうげ》は群馬県安中市松井田町坂本から長野県北佐久郡軽井沢町へ抜ける山道で、かつては中山道の難所として知られていた。現在は国道十八号の旧道と、その南にバイパスや高速道路が通じている。また、以前は旧道の近くをJR信越線が通っていたが、既にこの区間は廃線となっている。廃線路には煉瓦造りでアーチ型をした〈めがね橋〉や〈熊ノ平駅〉などの旧跡があり、ハイキングコースとして観光化されているものの、旧道には街灯がないので夜は真っ暗になり、急カーブも多い。そのためか、怪奇な体験談をよく耳にする。

ただし、

『夜にドライブをしていて、トンネルの入口で道路を横切る女を見たが、同乗者にはそれが見えなかった』『車の後部座席に女が乗り込んできて、すぐに消えた』

など、都市伝説化しているような話が多い。

前出のO崎さんからも、こんな体験談を伺ったことがある。

「僕は当時、下仁田町（群馬県西南部）のアパートに住んでいたんですが、車で草津温泉へ行って、日帰り入浴を楽しんできたんです。帰りはドライブがてら、北軽井沢（群馬県）から軽井沢（長野県）へ抜けて、国道十八号の旧道を通ってきました。県境を越えて群馬に戻ってきたときには、もう夜になっていました。雨が降ってる、肌寒い夜でしたね。

真っ暗な碓氷峠の坂道を下っていると、カーナビが〈この先、右折です〉と案内するんですよ。一本道なのにおかしいな、と思っていたら、路肩にガードレールのない場所がありました。カーナビはまさにそこで〈右折です〉と案内してるんです。誤作動かよ、と車をまっすぐ走らせると、『ちぇっ』という舌打ちが耳元で聞こえました。あとになってわかったんですが、その下は崖だったので、真に受けて進んでいたら、殺されるところでしたよ。

それから家に着いて、ベッドに入って眠ろうとしたら、腕や足をべたべたと触ってくるものがいるんです。びっくりして目を開けても、相手の姿は見えなくてね、一晩中眠れなくて困りました。腕と足には赤い痣ができていました。で、朝になって車を見たら、窓ガラスに手形が、べたべたべたと、沢山ついていたんです。でかいのも小さいのもありました。心配になって車を隅々まで調べたら、四つのタイヤのボルトが全部緩んでいたんですよ」

しかし、これもよくある都市伝説に近い話なので、O崎さんには悪いが正直な話、作品化はできないな、と思っていた。けれども取材を続けていると、他にも碓氷峠に関する情報が入ってきた。次に挙げるのは、高崎市在住の男性Qさんから伺った話である。

「Pさんは裕福なお宅の主婦で、僕の妻の友達でした。夫婦仲は良さそうだったし、お子さんも立派に育っていて、何の問題もなさそうでした。だけど、Pさんは鬱病になっていたようで、突然何の前触れもなく、車ごと失踪してしまったんです。当時四十八歳でした。

御家族が捜索願いを出していたそうなんですが、なかなか見つかりませんでした。だいぶ月日が経ってから、たまたま山に入った方が、碓氷峠の旧道の崖下に落ちている車を発見したんです。Pさんは車の中で亡くなっていました。遺体は白骨化していたそうです。

奇妙なことに、彼女は普段、『旧道は急カーブが多いし、そのわりに飛ばしてくる対向車がいるから怖い』と言って、あの道は避けていたそうなんです。だから御家族もそこで発見されるとは、考えていなかったようです。結局、遺体の様子などから事件性はないことがわかりましたけど、自殺か事故のどちらか、それはわからずじまいだったみたいです。

現場はめがね橋よりも奥のほうと聞いています。おそらく、ガードレールがない場所でしょうね。ガードレールが壊されていれば、誰かがもっと早くに気づいたはずですから」

私はO崎さんの案内で現場を確認したことがあるが、確かに碓氷峠にはガードレールのない場所が何ヶ所か存在している。もっとも、その中でも崖がある危険な場所は限られている。O崎さんが怪異と遭遇した現場と、Pさんの遺体が発見された現場が同じ地点だとしたら、怪異に引き込まれた可能性が高そうだ。こう言っては失礼だが、急に興味深い案件になってきた。なお、他にも又聞きながら、こんな話がある。

『夏の午後のこと、当時二十代の青年だったBさんはスポーツカーに乗って、碓氷峠の旧道を走っていた。急カーブが続いていたが、やがて長い直線に出た。数十メートル先まで直線が続いている。そこでアクセルを踏み込んだところ――。

景色が一変した。突如、目の前に大きなカーブが現れたのだ。ブレーキを踏んだが、間に合わない。彼の車は崖下に転落してしまった。不幸中の幸いで、車が立ち木に引っかかったことから命拾いをしたが、車は破損が激しく廃車になり、彼自身も重傷を負った。この日は曇っていたので、西日に目が眩んだわけではないという。

また、三十代の男性Cさんは、やはり碓氷峠でまったく同じ現象に遭遇して事故を起こし、重傷を負っている。それは春の天気が良い午前中のことで、日差しの影響で視界が悪くなったり、錯覚を起こしたわけではないらしい』

Bさんと Cさんが事故を起こした地点が明らかになれば、そしてその現場がO崎さんや

Pさんの案件と同じ地点だったとすれば、さらに興味が増す話になるのだが、残念ながらBさんとCさんの話は又聞きであるため、現時点ではそこまで確認する術がない。

ちなみに、これら四者の間に接点はなく、体験した時期もかなりずれている。

＊

ところで、群馬県内で同じような事故が頻発する場所としては、南東部のみどり市笠懸町鹿《かさかけちょうしか》の丁字路が挙げられる。ここは正面に壁があるのだが、どういうわけか直線道路が続いているように見えるそうで、速度を出して突っ込む車が多く、死亡事故が何件も発生している。おまけに事故を起こすのは男性ばかりなのだという。そのためか、『壁に魔物がいて、犠牲者に幻覚を見せて引き込むのだろう』と言う向きもある。

さて、五十代の男性Dさんは、夜中に国道五十号を前橋市方面から東へ向かって車で移動していた。彼は栃木県との県境に近い桐生市にある自宅へ帰る途中で、本来なら国道五十号を直進するはずだったが、どういうわけか、途中の笠懸町付近で左折してしまった。

(あれ？　俺、何で曲がっちゃったんだろう？)

しかしこの道でも国道一二二号に出れば、難なく桐生市まで帰ることができる。それでいいや、と直進したのだが、Dさんは少し先で再び何となく左折してしまった。

(あっ、またやっちまった。どうしたんだろう？　変だな？)

だが次の丁字路を左折すれば、再び国道五十号に戻ることができる。遠回りをしただけになってしまうが、急いでいるわけではないし、こうなった以上は仕方がない。Dさんはそのまま車を直進させた。そこで突然激しい頭痛に襲われたのだという。

(さっきからどうもおかしいぞ……)

体調の異変を感じたDさんは、早く家に帰って休もうと、アクセルを踏み込んだ。

車の速度が上がってくる。前方に丁字路が見えてきた。

(そうだ！　ここをまっすぐ行くと、鹿の丁字路じゃないかっ！)

Dさんはこの場所の噂はもちろんのこと、男性ばかりが事故に遭うことも知っていた。

まずい！　嫌な予感がする。アクセルから右足を離してブレーキを踏もうとしたが、右足が動かなかった。それどころか、足が勝手にアクセルを踏み込んでしまう。

前を走る車はなく、灰色のコンクリートの壁が迫ってくる。Dさんの車は明らかに壁に向かって引き寄せられていた。このままだと激突は避けられない。Dさんは咄嗟に必死の思いで、うろ覚えの真言を唱え始めた。

するとと急に足が動いて、ブレーキを踏むことができた。後ろから他の車が来ていなかったことも幸いした。もしも後続車がいれば追突されていたかもしれない。
Dさんは減速してから、対向車が来ていないことを確認すると、車をUターンさせた。
丁字路は絶対に通りたくなかったのだ。
彼は無事に帰宅することができたそうである。

冬の橋

山沿いの町で生まれ育ったY子さんは、小学六年生の頃、母親が運転する車に乗って川の対岸にある町へ買い物に行った。冬の夕方のことで、買い物を済ませて帰路に就くと、辺りは濃い宵闇に包まれていた。大きな川に架けられたB橋を渡る。

その途中、Y子さんは助手席の窓から川があるほうを覗き込んだ。本来ならそこは真っ暗なはずなのに、赤く光っていたからだ。川の真ん中辺りで炎が燃え上がっている。

「お母さん！　あれ、何かしらね？」

「えっ？」

「ほら、川が火を噴いてるよ！」

Y子さんが指差すと、母親は車の速度を落として、そちらを一瞥したが、

「何もないじゃない。危ないから、運転中に変なことを言わないでよ」

炎が見えなかったようで、叱られた。

その後、Y子さんはこのできごとを忘れかけていたのだが、二年ほどして——。

中学二年生になっていた彼女は、母親が運転する車に乗って川向こうにある親戚の家へ

遊びに出かけた。やはり冬のことで帰路は夜になっていた。谷間に続く道を進み、坂を下って川に出ると、二年前と同じB橋を渡る。B橋は長いコンクリート橋で二車線の車道と両端に細い歩道があり、金属製の手摺りが取りつけられていた。

そこでY子さんは、また川面が赤く光っていることに気づいた。川の真ん中で炎が踊っていたのである。

(前に見たのと同じ火だわ！)

忘れかけていた二年前の光景を思い出した。炎の根元部分は円状で、そこから火の手が樹木のように上へと広がっている。車窓からだと円の直径は三十センチほどに見えたが、実際には何倍も大きいのだろう。Y子さんは、

(一体何なんだろう？　でも、お母さんがよそ見をしたら危ないから……)

気になりながらも、母親に話しかけるのは思いとどまったという。

このことを学校で話すと、級友たちが面白がって、みんなで見に行こう、という話になった。大勢で自転車に乗って明るいうちにB橋へ行き、緑色をした川面を見下ろす。川は少し上流から蛇行していて、この辺りは淵になっていた。

とはいえ、幾ら期待して待っても、緑色をした淵から炎が噴き上がることはなかった。午後六時頃、短日が暮れてから行ってみたこともあったが、またもや何も見えなかったの

で、Y子さんも級友たちもこの現象に対する興味を失った。

さらに二年後。

Y子さんは高校一年生になっていた。

一月の冷え込みが厳しい夜。一台の車がB橋から川へ転落する事故を起こした。手前の下り坂から橋上にかけての路面が凍結していてスリップを起こし、歩道を乗り越え、手摺りを破って川へ飛び込んだのである。

車に乗っていたのは、二十歳の女性Iとその弟であった。中学一年生の弟は車から自力で脱出し、冷たい川を渡って、肺炎を患うことになったが、命は助かった。しかし、Iは全身を強く打って、水没した車の中で死亡している。この姉弟はY子さんと同じ字に住んでいて、とくに親しい付き合いはしていなかったが、面識はあった。事故現場を見に行った近所の人が語った話によれば、車は川の真ん中で逆さまになり、半分以上が潰れていたという。

「それって、私が炎を見た場所じゃないの……」

ただの偶然とは思えず、Y子さんは気味悪く思った。

それから、ひと月ほど経った休日。

Y子さんは自転車に乗って川向こうにある友達の家まで遊びに行き、楽しかったのでつい、帰りが遅くなった。既に日が暮れている。B橋を渡るのは嫌だったが、他の橋を渡るにはかなりの遠回りをしなければならない。そこでやむなくB橋を渡る覚悟を決めた。

当然のことだが、既に事故車とIの遺体は回収されている。川のほうを見下ろしても、暗くて何も見えず、絶えることなく流れ続ける水の音が聞こえてくるばかりであった。

（大丈夫そうだね……）

ペダルを漕いで橋を渡ってゆくと、左の方角がいきなり光った。釣られてそちらを見れば、川面から炎が噴き上がっている。Y子さんは自転車を停めて川面を覗き込んだ。怖かったはずなのに、なぜか逃げることよりも確認したい気持ちのほうが働いたのだという。

本来、炎は〈赤い〉とよく表現されるが、実際にはオレンジ色をしたものが多い。けれども、これは本当に赤々と燃えている。その上、過去に二度見たものよりも明らかに大きくて、内部に人間の全身が見えた。コートを着た若い女が水上に立っているのだ。セミロングの髪型と小顔に見覚えがあった。

（Iさんだ！）

Iはこちらを見上げて手を伸ばしていた。声は聞こえないが、頻りに口を大きく開けて何かを叫んでいるようだ。必死に助けを求めているらしい。

だが、すぐさま炎の中から無数の手が次々に現れ、Iの足やコートの裾を掴んで、下へ下へと引っ張り始めた。たちまち膝から腰の辺りまで水中に沈んでゆく。

Iは目を見開き、口を大きく開けて、ひどく驚いていた。悲鳴を上げていたのかもしれない。手の大群を懸命に振り払おうとしていたが、それらは容赦なく上半身まで攀《よ》じ登ってきた。どの手も獲物に食らいつく肉食動物のようにコートを掴んで離さない。Iの身体は腹から胸まで水中に沈み、両腕を押さえつけられて抵抗もできなくなった。

同時に炎が小さくなってくる。数本の手が、Iの髪の毛を掴んで引っ張ると、彼女の顔が苦悶に歪んだ。とうとう頭の天辺《てっぺん》まで水中に引き込まれてしまう。

それでもIは死に物狂いの形相で、もう一度顔を浮上させたが、再び水中に沈むと、二度と浮かび上がってくることはなかった。炎も消えて辺りが真っ暗闇に包まれる。

そこまで見入っていたY子さんは我に返って、一目散に橋上から逃げ出した。

それ以来、冬の夜にB橋を渡るのはやめたそうである。

車に乗ってもいいですか？

二十代の男性M井さんは飲食店で働いている。六月の夜、彼は仕事が終わってから他の若い従業員と六人で心霊スポットへドライブに行くことになった。車はM井さんと、Uさんという男性がそれぞれの愛車を運転する。あとの四人は若い女性で、二人ずつ二台の車に分乗した。

行き先はM井さんの希望により伏せるが、山の麓にある広い公園で、夜間でも自由に出入りができる。途中の道路沿いに地蔵が祀られた場所があり、その横を通過すると、まもなく目的地に到着した。駐車場で車から降りれば彼らの他に人気はなく、虫の声が聞こえてくるばかりである。懐中電灯を点けて遊歩道がある雑木林の中を歩き回ったが、何も起こらなかったので、別の心霊スポットまで行ってみよう、ということになった。

そのとき、Uさんの車に乗ってきた女性の一人、A子さんがこう切り出した。

「すみません。今度は私たちがM井さんの車に乗ってもいいですか？」

ところが、M井さんの車に乗ってきた女性たちも譲ろうとしなかった。

「え〜っ、あたしたちもM井さんの車に乗りたいですう！」

結局、四人ともM井さんが運転する車に乗ることになった。彼はうれしい反面、苦笑を禁じ得なかった。だが、当然のことながら、Uさんは面白くない。

「何で……？　俺、何か悪いことでも言ったかい？」

「いや、そうじゃないんです。でも、何となく、その……」

A子さんは口籠るばかりではっきりした理由を言おうとしなかった。

「ちっ、嫌ならいいよ！　嫌なら！」

Uさんは吐き捨てるように言うと、一人で愛車に乗り込み、エンジンを掛けた。M井さんがエンジンを掛けている間に待つことなく車を発進させ、先に行ってしまう。M井さんはすぐに追いかけたが、Uさんは相当速度を出しているのか、なかなか追いつけなかった。

この辺りは雑木林の中を通る山道で、カーブが連続している。その中でもとくに大きなカーブを曲がろうとしたとき、道路から五、六メートル下に光るものが見えた。

「蛍の光かな」

M井さんは気にせずに通過してしまった。それから速度を上げてしばらく追いかけたが、やはり追いつくことができなかった。

「どこまで行っちゃったのかねえ？」

彼の言葉にA子さんたちも首を傾げる。真っ暗な見通しの悪い道なので、さほど速く走れるとは思えない。そこでM井さんは先程見た光を思い出した。

「もしかしたら、まずいことになったのかも……」

車をUターンさせてみたところ、悪い予感が的中した。先程のカーブの手前で車から降りて様子を見に行くと、道路の下が谷になっていて、車のヘッドライトらしきものが光っている。M井さんは懐中電灯を持って斜面を下っていった。

谷底に車が転落している。Uさんの車だ。大変なことになった、と思ったが……。

「おおい！　大丈夫かあ⁉」

M井さんが声をかけると、暗闇の向こうから小声で返事があった。

「おう……。やっちまったよ……」

見ればUさんが車の横に呆然と座り込んでいる。意外にもUさんは無傷だったが、車の左側に当たる助手席と後部座席は大きな岩に激突して、完全に潰れていた。もしもそこに人が乗っていたら、即死していたことだろう。すっかり意気消沈しているUさんに代わって、M井さんは携帯電話でレッカー車を呼んだ。

長いこと待って、ようやくレッカー車が到着すると、その作業員がこう訊いてきた。

「こんな時間に大勢で何してたんだい？」

M井さんが事情を説明すると、作業員は苦笑いを浮かべた。

「この辺りは自殺が多いので、引き込まれたのかもしれないよ。ついこないだも、森の中で女の人が首を吊っていたっていうし、夜中に一人で車を運転してると、後ろの席に女の幽霊が乗ってくる、なんて話も聞いたことがあるから」

それが本当に事故の原因だったのか、否かは不明である。とにかくUさんもM井さんの車に乗って帰ることになった。五人乗りの車なので定員オーバーになってしまうが、仕方がない。女性四人のうち、三人は小柄で痩せていたので、一人がもう一人の膝の上に乗って後部座席に何とか座ることができた。その車内でA子さんがこんな話をした。

彼女はこの近くに祖父母の家があって幼い頃から頻繁に訪れているのだが、道路沿いにぽつんと一体だけ、首から赤い前掛けを提げた地蔵が置かれている。かなり古いものらしく、長年の風雨に削られて目鼻はすっかり消失している。その存在が小学生の頃から何となく気になって、いつも通過するときにじっと見てしまうそうだ。

この地蔵、普段は南側を向いている。しかし、今夜通過したときは、なぜか一八〇度回転して北側を向いていた。十数年の間で初めてのことだったという。

不可解に思った途端、寒気が背中を走った。A子さんはUさんの車の助手席に乗っていたが、どうしても降りたくなってきた。それを公園に着いてから同乗していた女性に耳打ちすると、同じように「あたしも、さっきから何だか落ち着かないの」と口にする。

「それでUさんには悪いと思ったけど、M井さんの車に乗りたいと言ったんです」

その結果、Uさんの車の助手席や後部座席には誰も乗らずに助かったことになる。

やがてM井さんが運転する車は、A子さんが話していた地蔵の前までやってきた。なるほど地蔵は北側を向いている。M井さんもそれを見た瞬間、寒気を感じたので、帰路の運転は十分に用心した。

それから二週間後。

M井さんはたまたま昼間にこの近くを通る機会があった。そこで少し寄り道をして地蔵の様子を見に行ってみることにした。車を徐行させて確認すると、二週間前とは一変して、地蔵は南側を向いていたという。

怪談アンケート　――代行車サービス運転手編

群馬県は鉄道や路線バスが発達していない地域が多く、外で飲酒するときは車で出かけて、帰路は代行車サービスを利用する人が多い。そこで代行車の運転手に聴き取り調査をお願いしてみた。今回の調査協力者は高崎市と前橋市の会社に勤務する十一名である。

Q　勤務中に怪奇な体験をしたことはありますか？

A　ない　八名

**　　ある　三名**

※以降はこの三名へのアンケートとなる。三名は別々の会社に勤務。

Q　怪奇な体験をしたときの状況は？

A　深夜。乗客が眠ってしまったときにだけ体験する。

※三名とも、ほぼ同じ内容を回答している。

Q　どのような体験をされましたか？　とくに印象に残っている話を挙げて下さい。

ドライバーF氏（五十四歳、男性）

信号待ちの最中、フロントガラスに見知らぬ男の顔が映って、数秒後に消えました。髪を角刈りにした、額や頬に大きな傷痕がある醜い男の顔でした。中年の男でした。お客様は後ろの席で眠っていたので違います。

ドライバーG氏（三十七歳、男性）

山沿いの道路を走っていたときのことです。真っ暗な夜道に狸が飛び出してきたんです。小さかったから子狸でしょう。距離がまだ離れていたので、僕は慌てることなくブレーキペダルを軽く踏みました。ところが、その後ろから現れたものを見て、ぎょっとしました。人間の二本足がヘッドライトの光の中に浮かび上がったからです。それは太腿まである、ごっつい男の足でした。ズボンを穿いていなくて裸足でした。

狸はジグザグに路上を逃げ回っていて、二本足はそれを追いかけていました。僕が運転する車が近づくと、どちらも道路を横切って暗闇に姿を消しました。そんなもんでも、田舎の夜道で出会うと、気味が悪くてねえ、鼾をかいて眠っているお客様をうらやまく思ったもんですよ。

ドライバーH氏（四十二歳、女性）

乗せると何か悪いことが起こるお客様、というのがいます。その手の方が乗ると、私はよく耳鳴りがするんです。ある夜遅く、仕事中に耳鳴りが起きました。そして田舎のほうの道路を走っているうちにお客様は眠ってしまった。何だか嫌な予感がしてきました。そのうち道路っぱたに、半分壊れた廃屋が見えてきたんです。蔦がいっぱい絡みついている二階建ての、目立つ家でした。私は前にも何度か同じ道を通ったことがあるので、そこに廃屋があることを知っていました。その横を通り過ぎようとしたときのことです。ガラスがなくなった窓から、いきなり人間が上半身を乗り出してきたんですよ。野良着みたいなぼろい服を着たお婆さんでした、白髪をぼさぼさに伸ばした……。その人が、私のほうに向かって手を振ったんです。

まさかそんな所に人がいるとは思わなかったので、もうびっくりしました。少しスピードを上げて廃屋から離れまして、お客様を無事に御自宅の前まで送り届けたのですが、帰りはできれば同じ道を通りたくなかったんです。でも、別の道を選ぶとなると、かなり遠回りをしなければなりません。それに今度は、お客様の車を運転してきた同僚が一緒に乗るので、少しは気が楽でした。だから同じ道を引き返したわけです。

そうしたら、おかしなことに、さっきの蔦だらけの廃屋が見当たらなかったんです。

「おかしいわねえ。見落として通り過ぎたのかな？」

そこで初めて同僚に、来るときに見た廃屋のことを話すと、首を傾げているんです。

「廃屋……？　そんなもの、俺は来るときに見なかったぞ。いや、俺はこの辺をよく通るけど、前から蔦だらけの廃屋なんて見たこともねえぜ」

真夜中の車内で私たちは唖然としてしまいました。

私はそれから何日かして、仕事で同じ場所を通ったんです。だけど、やっぱり蔦に覆われた廃屋はありませんでした。

私が前から何度か見ていた、あの廃屋は何だったんでしょう？

子鹿のベビー箪笥

〈高崎怪談会〉に常連の語り手として参加して下さっているHさんは、家具の製作をはじめ、イベント会場の設営やポスターのデザインなど、さまざまな仕事をこなす器用な方だ。前橋市にある彼の自宅は、一階が工房で二階が住まいになっている。工房は昔祖父が造ったもので、長野県の軽井沢町からトラス構造の住宅の一部を移築していた。

Hさんが幼い頃、自宅にかわいらしい子鹿の絵が描かれたベビー箪笥があった。買ったものではなく、移築した際にオマケとしてついてきたものらしい。Hさんは子供心にその箪笥の存在を何となく、怖い、と思っていたという。

五、六歳の頃、土曜日の夜遅く、床に就いていた彼はふと目を覚ました。部屋の中が薄明るい。この寝室は彼と両親が使っていたが、父親が英検の試験を受けるため、電気スタンドだけを点けて参考書を読んでいたのである。

それからHさんは何気なくベビー箪笥のほうに目をやって、息を呑んだ。

最上段の引き出しが少し開いていて、中からコバルト色をした心太《ところてん》のようなものが渦を巻きながら出てきたからである。直径一メートルはありそうな渦巻きの中心に光り輝く玉があり、その中に小さなものが沢山蠢いていた。よく見ると、顔が半分潰れた血まみれの女や、火の玉に目鼻が浮かんだもの、顔は獣だが着物を着て二本足で立っているもの、器物に目玉や手足がついたものなど、生身の人間とはかけ離れた姿をしたものが大勢いた。

それらを内包した渦巻きがこちらに向かってくる。Hさんは咄嗟に電気スタンドの光芒を見つめた。眩しくて一時的に視力が落ち、渦巻きと中のものたちが見えなくなる。けれども、安心する隙《ひま》はなかった。今度は脳裏に渦巻きの映像が押し入ってきたのだ。〈人でないものたち〉が足音や金属音を立てながら彼の前を通過し、また戻ってくる様子が目に浮かんでしまい、とても眠れたものではなかった。

「助けて！　お父さぁん！　助けてぇ！」

「どうした？」

父親に今見えている現象を伝えたが、信じてもらえなかった。

「そんなもの、お父さんには見えないぞ。夢でも見たんだろう」

いつの間にかベビー箪笥の引き出しも閉じている。とはいえ、依然として渦巻きは見えていたし、〈人でないものたち〉の数も増えていた。

「違うよう。ほんとにそこにいるんだよう」

「うるさいな。そんなにこの部屋が嫌なんだったら、お祖父ちゃんの部屋へ行きなさい」

父親が怒り出して、Hさんは祖父の部屋へ行かされた。祖父の部屋には般若の面が飾ってあり、Hさんはそれを以前から怖いと思っていた。しかし、この夜はなぜか般若の面が守ってくれそうな気がして、怖くなかったという。祖父の部屋に渦巻きは現れず、気持ちが落ち着いてきたので眠ろうとしていると、祖父に揺り起こされた。

「もう大丈夫だろう。自分の部屋に戻りなさい」

そう言われて寝室へ戻ると、またベビー箪笥からコバルト色の渦巻きが回転しながら出てくるのが見えた。咄嗟に目を瞑ったが、脳裏に顔が半分潰れた血まみれの女が現れ、

「ほほほほほ……。目を瞑っても、駄目だよう」

どこか調子の外れた低い声が聞こえてきた。

Hさんは大騒ぎをして、再び祖父の部屋へ行かされた。そこで寝ていると朝まで何も起こらなかったのだが、翌日も夜になると、また渦巻きが出てくる。ただ、前夜よりも〈人でないものたち〉の数が減ったように思えた。それでもまだ怖かったので、自ら祖父の部屋へ行った。いつしか苦手だった般若の面もすっかり怖くなくなっていたそうである。

次の夜になると、ベビー箪笥からはコバルト色をした糸のようなものだけが出てきて空中を漂っていたが、じきに消えた。それを最後に、この現象はすっかり収まったという。

Hさんが中学生になった頃、このできごとを思い出して調べてみたところ、ベビー箪笥の後ろに外国語らしい解読不能の文字が書かれた御札が貼られていることに気づいた。

その後、彼が知らぬ間に両親が廃棄したのか、ベビー箪笥の行方はわからなくなった。

大人になってから両親に、どこへやったのかと訊ねたことがあるが、

「さあ、覚えてないねえ」

「どこか、よその家にくれてやったんじゃねえかな」

と、興味がなさそうに言われた。

影法師

　群馬県の県庁所在地である前橋市は、かつて〈詩の都〉であった。〈スーパースター〉萩原朔太郎をはじめ、〈前衛アナーキスト〉萩原恭二郎、〈偶成の詩人〉高橋元吉、〈朔太郎の研究家としても知られる〉伊藤信吉などの有名詩人を輩出しただけでなく、朔太郎と親交のあった室生犀星が滞在したり、草野心平が移住してきた時代もあった。

　朔太郎の作品に「新前橋駅」がある。当時はよほど寂しい場所だったらしく、地元を愛しながらも憎んでいた朔太郎はどこか投げやりに、こう書いている。

『荒寥たる田舎の小駅なり』

　だが、現在の新前橋駅は群馬県内のＪＲ線で第三位の乗車人員があり、周辺には企業や店舗も多い。駅舎には東口と西口があって自由通路で繋がっているが、昔はおよそ三百メートル北にある緑色の細い陸橋が跨線橋として使われていた。今から三十五年前に駅舎が改築されて現在の自由通路が完成すると、古い陸橋を渡る人は少なくなった。

　さて、Ｈさんの家は西口側の町にある。当時小学一年生だった彼は、秋の休日にふと冒険がしてみたくなって古い陸橋を渡り、東口側へ遊びに行った。当時はまだ自由通路がなかったのである。公園があったので入ってみると、知らない少年たちが遊んでいた。東口側は校区が異なっていたのだ。

「おい。おまえ、どっから来たんだ？」

幾つか年上らしい、一番身体の大きな少年が真っ先に話しかけてきた。Hさんは自宅がある町の名を告げた。

「ふうん。西口のほうか。陸橋を渡ってきたのか？」

「うん」

少年は何やら少し考えてから、険のある表情を作り、声を低くした。

「じゃあ、おまえ知ってるか、影法師の話を」

「知らないよ。何それ？」

「人の格好をした長ぁい影さ。子供が一人でいると、追っかけてくるんだぜえ」

「へええ！　それ、どこに出るの？」

「陸橋の上さ。おまえ、渡るときは気をつけねえと捕まっちゃうぜえ」

その少年は皆から〈カンちゃん〉と呼ばれていた。

Hさんは東口側の少年たちが受け入れてくれたので、その後も頻繁に陸橋を渡って公園へ遊びに行ったが、幸い影法師と遭遇することはなかった。それでも渡るときは毎回不安になり、急ぎ足になる。そして必ず暗くなる前に帰るようにしていた。

「おい。おまえ、また陸橋を渡ってきたのか？」

決まってカンちゃんはHさんに話しかけてきた。

「そうだよ」

「危ねえなあ。俺なら絶対に渡らねえぞ。影法師に攫《さら》われたら、どっか遠くへ連れていがれちゃって、二度と帰ってきらんないって話だぜえ」

カンちゃんはHさんが怖がる様子を見て、面白がっていたらしい。おまけにいつも一緒に遊んでくれるのだが、意地が悪かった。Hさんが玩具を持って公園へ行き、少しの間でも目を離すと、その隙に玩具を取って自宅に持ち帰ってしまう。他の少年がカンちゃんの仕業だと教えてくれたので、翌日、公園で会ったときに抗議をすると、

「ふん。あれは、おまえが俺にくれるために持ってきたんだろ」

と、筋の通らないことを言い張って返してくれない。そんなことが二度あったので、Hさんは玩具を公園に持ってゆくのをやめなければならなかった。

ところが、夏のある日、急にカンちゃんが公園に来なくなった。

「あれ、カンちゃんは？」

Hさんは他の少年たちに訊いた。

「カンちゃんなら、もう来ないよ。影法師に意地悪されたんだって」

「大怪我をして、もうここには来られなくなっちゃったんだって」

実際、Hさんはその後も同じ公園へ遊びに行ったが、カンちゃんと会うことはなかった。


高校生になってから、たまたまその公園で一緒に遊んだ少年の一人と同じクラスになり、再会した。お互いに顔と名前は忘れていたのだが、近くの町の出身と知って、話すうちに昔会っていたことがわかったのだ。相手も影法師とカンちゃんのことは覚えていた。

「そういやあ、あの意地の悪い兄ちゃん、どうなったか知ってるかい？」

「ああ、カンちゃんのことかい。……陸橋の階段から落っこちたんだよ。首から下がまるっきり動かなくなっちゃって、今でも寝たきりなんだってさ」

「ええっ？　陸橋には絶対に行かねえ、って言ってたのにな……」

「それがさ、本人は『影法師に捕まって連れていがれたんだ』って言ってるんだよ。でも、それを見ていた大人たちは『子供が一人で階段を上ってて、足を滑らせて落ちてきた』って言ったそうなんだいね」

Hさんは、昔聞いた話が単なる子供の噂話ではなかったことを知って、絶句した。

この古い陸橋は相変わらず通行人が少なく、老朽化も進んでいるが、現存している。

三十年の孤独

　前橋市は県都であるため、国の出先機関や大企業の群馬支社が他の市町村と比べて数多く存在している。その職種については明かすことができないが、I岡さんは日本各地に転勤した経歴を持つ男性である。五十代になって、所長として若い頃に勤務した前橋市の市街地にある職場へ戻ってきた。実に三十年ぶりのことだという。そして近くにある職員独身寮の取り壊しが進んでいることを課長から知らされた。

「長いこと誰も住んでいなかったので、更地にして売りに出すことになりまして……」

　I岡さんがかつてこの職場で働いていたのは、二十五歳の夏からであった。独身寮は鉄筋コンクリートの三階建てで、築二十年近く経っていたが、当時はまだ気になるほどの汚れや傷みはなかった。通勤時間は自転車で十分程度、五十代の寮母さんがいて、朝夕賄いつき。青森県出身のI岡さんにとっては縁故のない土地だけに、迷わず入居を決めた。

　寮は玄関を入るとすぐに食堂があって、壁に食事の献立表が貼られており、要か不要かを○×で記す。部屋は個室だが、風呂とトイレは共同である。I岡さんの部屋は一階の突き当たりの一〇四号室で、六畳一間の和室であった。そのことを職場で話すと、

「えっ、あの部屋に入ったのか」

先輩が眉根を寄せた。彼は妻子とともに別の土地にある世帯寮に住んでいる。

「独身寮の一〇四といえば、前から〈出る〉ので有名な部屋なんだよ。他にも空き部屋があるなら、替えてもらったほうがいいぜ」

「いえいえ、面白そうじゃないですか」

I岡さんは〈出る〉ものを見たことがなかったので、実際に見てみたかったのだ。

けれども、初めの五ヶ月は何も起こらなかった。寮母さんや他の入居者に訊いてみたが、見た者は誰一人いないらしい。

(何だよ、単なる噂か……)

I岡さんは興味を失いかけたが、年が明けた一月の寒い夜のこと。彼が布団に入り、横向きに寝て目を閉じていると、部屋の出入り口のほうから足音が聞こえてきた。そして掛け布団が少し捲られた気配がする。驚いて跳ね起きようとしたが、身体がまるで動かない。何者かが布団の中に入り、背後から抱きついてきたので、I岡さんは面食らった。

しかし、相手の動きはそこで静止した。ただ、背中に乳房らしき柔らかな肉が触れている。小柄な女のようだが、その顔や姿を見ることはできないまま、数分後に気配は消え去った。I岡さんの身体も夢から覚めたかのように、自由に動かせるようになった。

二度目の〈来訪〉は半月後のことになる。横向きの姿勢で眠っていたI岡さんが、ふと目を覚ますと、また身体が動かず、布団の中に何者かが入り込んで背中に抱きついてきた。相手の身体から、ほんのりと温もりが伝わってくる。体温は生きた人間と変わらない。害意は感じられなかった。やがて相手の気配は消え失せた。

春になると、〈来訪〉は月に何度か起こるようになる。I岡さんも慣れてきて、驚くことはなくなった。寮の入居者や職場の仲間にこの話をすると、肝試しのつもりで部屋に泊まりに来たがる者がいた。気軽な一人暮らしなので二つ返事で泊まらせてやったが、来客があった夜には決まって何も起こらなかったという。

夏以降、〈来訪者〉は週に一度の割合で現れるようになった。

I岡さんの職場は仲間ができても、数年で転勤になってしまう。日頃は両親や兄弟、郷里の友達とも顔を合わせる機会がないだけに、寂しさから知らず識《し》らず〈来訪者〉を心待ちにするようになっていたのであろう。あるとき、こう念じてみたことがある。

（たまには正面に出てこないか。君の顔が見てみたいんだ）

次の夜、仕事から帰って部屋の電灯を点けると……。

緑色のワンピースを着た、妙齢の女が座っていた。部屋に人がいたのでI岡さんは肝を潰したが、即座に誰なのか気づいた。

「君が……」

女は黙ってこちらを見上げていた。無表情だが、目鼻が整った美しい顔立ちをしていて、長い黒髪や横座りをしたなよやかな姿形も優美である。だが、正面に座って話しかけようとすると、一瞬にして女は姿を消してしまった。

それ以来、I岡さんは女に対して恋愛に似た感情を抱くようになった。当時の彼は二十六歳。上司や両親から見合いを勧められたが、気乗りがしなくて断っていた。そして毎夜、女が訪れるのを心待ちにしていたという。

同じ年の師走、仕事納めが数日後に近づいた寒い夜のこと。

I岡さんは炬燵に入り、座布団を枕に仰向けになって本を読んでいたが、いつしか電灯も消さずに眠ってしまった。深夜にはたと目が覚めたとき、また身動きができなかった。

しかも、真上にあの女の顔があったのだ。漆黒の豊かな髪が垂れ下がって、I岡さんの顔に掛かってくる。女は彼の右側にいて、両肘を畳に突いた姿勢でこちらを見下ろしていた。唐突な至近の再会に驚いたが、先日と違って女は微笑を浮かべている。I岡さんはうれしかった。話をしたいが、口を開閉することはできても、声が出せなかったので、

（よく来たね）

そう念じたところ、女がいきなり白目を剥いた。色白の肌が土気色に変わってゆき、口

と鼻孔からどす黒い血糊が大量に溢れ出してくる。それを顔面に浴びたI岡さんは、つい口を開けてしまった。口の中に血糊が流れ込んでくる。吐き気を催させる臭気と味――。

女の肌はすっかり黒ずみ、左右の眼球には白い膜が掛かっていた。それは長く放置された死人の顔であった。I岡さんの記憶はそこで途切れている。


朝になって気がつくと、深夜に見た光景を思い出して震駭《しんがい》した。慌てて上体を起こして部屋の中を見回したが、女の姿はなかった。口の中に血糊は入っていないようである。鏡を覗くと、顔に血糊は一滴も付着していなかった。

（ああ、良かった！　助かった！）

あれが彼女の真の姿なのだろうか？　死んで土葬されていたのか、もしくは遺体がなかなか火葬されずに腐乱したのか――いずれにしても醜怪な姿を見たことで、彼女への恋愛に似た感情が急速に萎えてゆくのを感じた。I岡さんはその晩から同僚が住む別室に泊めてもらい、年末年始は青森の実家へ帰り、群馬に戻ってくると安いアパートに移り住んだ。

俺は薄情な男だ、と自らを嫌悪したが、独身寮に足を踏み入れることは二度となかった。


それから三十年が経過し、I岡さんが同じ職場に戻ってきてからのこと。

独身寮の解体工事中、地中から墓石と人骨の一部などが続々と発見されたのである。とくに墓石の数は多く、およそ五十基が出土した。独身寮を管理していた課では、廃棄するわけにもいかないと、かつて墓地を管理していたらしき寺を捜し出して連絡を取った。

寺の住職は、檀家の代表者と相談した上で、確認したい、と返答してきた。そこで職員たちが墓石を丁寧に洗い、刻まれていた文字を住職たちと解読したところ、江戸時代の年号や人名が確認できた。墓石は檀家の人々が、

「我々の縁者かもしれませんから、供養させて下さい」

と、快く引き取ってくれた。

しかし、I岡さんが目撃した女は緑色のワンピースを着ており、明らかに江戸時代の服装ではなかった。近年の人骨や墓石は一体も出てこなかったのである。あるいは過去の入居者と何らかの関係があるのかもしれない。とはいえ、それ以上のことは、I岡さんには何もわからなかった。

（あの女はどこの誰で、どんな死に方をしたんだろうなぁ……）

彼はこの地を離れてから、両親が勧める相手と見合い結婚をして、最近では孫もできたが、無性にあの女のことが懐かしく思えてきた。そこで独身寮があった場所へ行ってみたものの、既に更地になっていて、女と再会することはできなかったという。

＊

これは、同じ職場で働くK井さんという男性の証言である。

I岡さんが独身寮を去ってから、約十年後のこと。一〇四号室にはK井さんの同僚でM田という三十歳の職員が住んでいた。ある夜、M田はテレビを見ながら眠ってしまった。深夜に目を覚ますと、画面にはいわゆる〈砂の嵐〉が映っていた。

（ああ、消さなきゃいけないいな）

彼がテーブルの上に置いてあったリモコンを取ろうと、上体を起こしたとき――。

忽然と画面から〈砂の嵐〉が消えて、二十代と思しき男女の上半身が映し出された。背景は真っ白で、男女は鮮やかな黄緑色の洋服を着ている。M田にとってはどちらも見覚えのない顔で、どことなく陰鬱な表情をしていた。

呆気に取られて画面を眺めていると、男が女の背後に移動し、首に腕を回して強く絞め始めた。柔道でいう裸絞め、プロレスでいうスリーパーフォールドだ。

女の整った顔が苦痛に歪む。だが、激しく抵抗することはなく、黄緑色の洋服の色が深緑色へと変色し、それと呼応するかのように女の顔色も深緑色に変貌してゆく――。

Ｍ田は気味が悪くなって目を背けた。じきに、ザーッ……という音が聞こえてきたので、テレビに視線を戻すと、画面は〈砂の嵐〉に戻っていたという。

彼はこの話を職場でＫ井さんに語ったのだが、やがて鬱病になって仕事を休み始めた。初めは二ヶ月出勤して、一ヶ月休んでいた。それが次第に逆転して、一ヶ月出勤すると、二ヶ月休むようになった。その後、退職願いを提出している。上司が理由を訊くと高笑いして、

「仕事内容も人間関係も嫌で堪らなくなったからです。あと少しでよそへ移れますが、そこでも同じ仕事と同じ人種が待っているだけでしょう」

そんな毒のあることを言って、Ｍ田は職場を去った。

Ｋ井さん自身は怪異と遭遇したことはなく、のちに他県へ転勤したが、Ｉ岡さんと同じようにまた前橋に戻ってきた。そして今回の墓石騒動を知ることになったわけである。

また、墓石の引き渡し作業に携わった課の職員たちは、作業後に体調を崩したり、鬱病になって長期間にわたり仕事を休む者が続出した。さらに、アルバイトの職員たちの間で揉めごとが多発するようになった。

それまで物静かだった非常勤の女性が、パートの女性に嫌味を言ったり、皆の前で失敗を大声で指摘する。いじめられた女性は虚脱状態となり、勤務時間中にふらふらと持ち場

を離れてしまい、どこへ行ったのか、しばらく戻ってこない。おかげで仕事が円滑に進まなくなってきた。まもなくパートの女性は退職している。

その後任として雇ったパートの女性は、ひと月ほど経つと、いじめられたわけでもないのに突然「ぎゃあ！　ぎゃあああっ！」と奇声を発するようになった。理由を訊いても黙り込んでしまう。おまけに五階の窓から飛び降りようとして、皆に止められた。彼女は何度か大きな騒ぎを起こした挙げ句、数ヶ月で退職している。

元来、この職場は数年で転勤があるので、事なかれ主義の人間が多い。揉めごとを本気で解決しようとする管理職がいなかったこともあり、トラブルは長く続いたという。

結局、K井さんにも怪異の原因が墓石群と関係があるのか、もしくは別にあるのか、わからないそうだ。ただ一つ、明らかなことは、その土地は売りに出されたが、まったく買い手がつかず、現在も空き地になっている、という事実である。

野田焼き地獄

　Iさんの家は、ごく普通の平坦な住宅地にある。この住宅地の中には一区画だけ空き地が残り、地蔵が祀られているのだ。Iさんは現在三十代の女性だが、幼少の頃には空き地があるだけで地蔵はなかったという。

　彼女が小学五年生の頃、地主が代替わりして、そこに家を建てることになった。ところが、工事が始まると、Iさんや同じ住宅地に住む同級生、あるいはその兄弟などが同じ夢ばかりを見るようになった。その夢というのは――。


　山の中で盛大に焚き火が行われている。

「助けてくれえっ！　火を消してくれええっ！」

　着物を着て股引を穿いた中年の男性が、荒縄で木の根元に縛りつけられ、死に物狂いの形相で叫んでいる。彼の周りには大量の落ち葉や草、伐り出された木の枝や灌木などが積み上げられていた。男性は縄を外そうと必死に身体を揺らすのだが、幾重にも巻かれた荒縄は肌身に食い込むばかりで緩みもしない。そこへ白煙と橙色の猛火が迫ってくる――。

「おのれ、よくも……。呪ってやる！　永久に呪ってやるぞう！」

そんな夢を毎晩続けて何人もの子供が見るのである。ひどく魘《うな》され、体調を崩す子供まていた。それを知った大人たちも、これは放っておけない、と心配するようになった。近所同士で相談した結果、神社の神主を呼んで御祓いをしてもらうことになったという。

やってきた年配の神主は、例の空き地に建築資材などが運び込まれ、家が建てられようとしているのを見て、すぐさま「あれが原因でしょう」と指摘した。

神主の記憶によれば、かつて先代の地主もこの土地に家を建てようとしたことがあった。だが、周辺の家々から病人が出たり、火災が起きたりした上、しまいには地主自身が交通事故に遭って重傷を負ったことから、建設を取りやめにしたらしい。

御祓いが行われ、この話は新しい地主の耳にも入った。自らが事故に遭うことを恐れた地主は工事を中断し、地蔵を祀ったそうである。

それから、Iさんをはじめとする子供たちが悪夢を見ることはなくなった。

「あそこはどうして家を建てようとすると、悪いことが起きるの？」

Iさんは疑問に思い、同居していた祖母に訊いてみたことがある。

「あの土地はね……昔、元の持ち主が、山で野田焼きにあったんさ」

明治か大正か、はっきりしないが、遠い昔のこと。例の土地を所有していたのは、今とは別の一族で、その当主は近くの山林も所有していた。彼は手伝いを頼んだ者たちと数人で山林の大きくなり過ぎた木を伐ったり、灌木や下草を刈ったあと、行方不明になった。

しかし、実はこのとき、山の中で不要な灌木や下草などをまとめて燃やしたのだが、当主も一緒に焼かれて死亡していたのである。後日、当主は真っ黒に炭化した焼死体となって発見された。どうやら手伝いに来た者たちが理由は不明だが、共謀して殺害に及んだらしい。けれども明らかな証拠はなく、不運な事故として処理されてしまった。当主の妻子は食うに困って、山林もこの土地も手放さざるを得なかった。それを今の地主の先祖が買い取ったのだという。

「だから、あそこに家を建てようとする度に、悔しさを伝えたくて祟りを起こすんだよ」

祖母はそう語ってくれたが、Iさん曰く、祖母の話が本当か否かは、既に確認する術がなく、定かでないという。とはいえ、周辺一帯に家が建ち並ぶ中で、この土地だけは一度も家が建たず、売られもせずに残っていることは事実である。現在、地蔵の脇には幟が立てられ、土地はいつも綺麗に掃除されている。

山の住宅地に関する年譜と日記

◆関係者一覧

簗瀬《やなせ》虚蔵《むろぞう》……土木建設会社を経営する傍ら、パチンコ店や不動産会社も手がける実業家。

萩原《はぎわら》大幾《ひろき》……住宅地の住民。大手企業に勤務。日記の閲覧と公開を許可してくれた。

蟻川《ありかわ》勝太《しょうた》……住宅地の住民。暴走族に所属する不良少年。

小野《おの》英二《えいじ》……住宅地の住民。工場に勤務する会社員。

簗瀬《やなせ》綾乃《あやの》……簗瀬の一人娘。

一九五三年（昭和二十八年）
簗瀬虚蔵、群馬県の山沿いの町に、土木建設会社社長夫妻の長男として生まれる。子供の頃から腕っ節が強く、女好きで、些か荒れた少年時代を送る。

一九八八年（昭和六十三年）
簗瀬虚蔵、父親の病没により、三十五歳で家業を継ぎ、土木建設会社の社長に就任。簗瀬家は代々、地元政治家との親交があり、業績良好で、異業種の経営にも着手するようになる。

一九九六年（平成八年）
同じ町にパチンコ店があったが、業績が落ち込み、二年前に閉店していた。簗瀬虚蔵がその土地建物を買収。新しい店として再生させる。経営は成功し、多額の利益を得る。簗瀬、宅地建物取引士の免許を取得。

二〇〇〇年（平成十二年）
簗瀬虚蔵、近くの山林（高台の雑木林）を買収、分譲地として宅地開発を開始。自らパワーショベルとブルドーザーを操縦し、整地を行うが、そこに多数の無縁仏があった。

二〇〇二年（平成十四年）
分譲地の販売が開始され、住宅が建ち始める。工場で働く小野英二（当時四十歳）、四人の家族とともに転入。この年のうちに六軒の住宅が建てられる。やがて「見慣れない中年の男が家の前に立っていた。不審に思って声をかけたら消えてしまった」などと言い出す者が出てきた。その男は短髪で、継ぎ接ぎだらけの粗末な衣服を着ているという。

二〇〇三年（平成十五年）

六月、大手企業に勤務する萩原大幾（当時三十一歳）、二十五年のローンを組んで自宅を構え、妻と幼い娘と三人で転入。十二月、妻子が「知らない男の人が家に入ってきて、消えた」と怯え始める。男は旧大日本帝国陸軍の軍服らしき服装で、いきなり居間に現れ、壁まで進んで姿を消した。窓もドアもすべて施錠してあり、外から人が入れる状況ではなかった。妻も娘も悲鳴を上げて泣き出したという。

二〇〇四年（平成十六年）

三月、萩原家の隣に蟻川家が転入。庭に離れを建て、そこが長男である勝太（当時十五歳）の部屋となる。四月、勝太、高校進学と同時に地元の暴走族に加入する。九月、当初は怪異を信じていなかった萩原大幾も不可解な現象と遭遇。

萩原大幾の日記　平成十六年、九月二十六日

九月二十五日、午後十時半頃、寝室で眠ろうとしていると、まだ買い手がつかない裏の更地のほうから騒ぎ声が聞こえてきた。話の内容は聞き取れないが、声からして少年たちらしい。手を叩いたり、歌を唄ったりしている。また隣の馬鹿息子が不良仲間を呼んで騒いでいるのかと思った。しばらく我慢していたが、午後十一時半になっても静かになる気配がないので窓を開け、暗闇に向かって怒鳴った。

「うるさいぞっ！　いい加減にしろっ！」

更地は真っ暗で、反応がなかった。

「もう夜中なんだぞっ！　近所迷惑だっ！」

依然として反応はない。暗闇をよくよく見ると、更地には誰もいなかったのだ。

これは、どういうことなのか？　わけがわからないまま、ベッドに戻って寝ようとしたときのことである。目を閉じていると――。

口の中に、ズボオッ！　と固いものが押し込まれた。

濡れた雑巾やタオルを絞ったあと、広げずにほったらかしておくと、ねじれたままカチカチに固まってしまうことがあるが、まさにそんな感じのものが何の先触れもなく口の中、それも喉の近くまで入り込んできたのだ。ひどい味がした。

ぶったまげて目を開けたが、何も見えなかった。同時に、その固いものの感触も消え失せた。どんな味だったのか、なぜかすぐに忘れてしまって、どうしても思い出せない。とにかく、ひどい味だったことだけは覚えている。断言するが、決して眠ってはいなかった。妻子の話を「あるわけねえだろ」と笑い飛ばしたことを反省する。

《日付が変わった九月二十六日、午前一時過ぎに書き記す。眠るに眠れなくなったので》

二〇〇五年（平成十七年）

二月、小野英二、自宅に丁髷《ちょんまげ》を結って和服を着た男が現れて消えた、と近所の人々に語る。六月頃から蟻川勝太、毎晩バイクで外出し、夜中に帰宅、朝まで音楽を大音量で流すようになる。八月、騒音に怒った萩原大幾、帰宅した勝太を呼び止め、「おまえ、いつもうるさいぞっ！　いい加減にしろよっ！」と叱責する。勝太、反抗することなく事情を説明して謝罪。両者はこれを機によく話すようになる。

萩原大幾の日記　平成十七年、八月十日

隣家の勝太を叱ると、「すいません、萩原さん。でも、聞いて下さいよ」と素直に謝ってきた。勝太の話によれば、彼が真夜中、バイクで帰宅して離れのドアを開けると、真っ暗な部屋の空中に狐火のような光が三つ浮かんでいることがある。電気を点けると消えてしまうが、消すとまた現れる。その現象が少なくとも週に二度は起きているのだとか。おかげで朝まで電気を点けっ放しにした上、音楽を大音量で流していないと、怖くて一人で離れにいられないのだという。

以前の自分なら一笑に付すところだが、今は勝太の話を信じる自分がいる。

二〇〇六年（平成十八年）

分譲地は完売して住宅数は十七軒に増加、そのすべてで何らかの怪異が発生。身なりや髪型からして、古くは江戸期、もしくはそれ以前と思しき時代から、昭和の戦後期まで、さまざまな時代の幽霊が目撃される。小野英二、近くの集落に住む古老から、以前この地に数多くの無縁仏が並ぶ墓地があったことを耳にする。小野、他の住民たちと相談を重ねる。

萩原大幾の日記　平成十八年、七月二十八日

蟻川勝太から新しい体験談を聴く。怪談が好きな暴走族仲間が、勇んでわざわざ離れに遊びに来たが、すぐに黙って逃げ帰ってしまったという。後日、その仲間はこう語った。

「おめえのベッドの下に人相の悪い婆さんがいて、こっちをジイッと見てやがったんだ。顔が真っ青で、生きてる人間とは思えなかったぞ」

さらに勝太は離れに彼女を連れ込んだが、彼女は幾らも経たないうちに部屋から逃げ出し、「帰るからバイクで送って。早く送って」と騒ぐ。どうしたのかと訊くと、彼女は、「だって、エッチの最中、知らないオッサンが天井に蜘蛛みたく張りついてて、ニタニタ笑ってるんだもの！　目が合っちゃったじゃん！　こんな家、二度と来たくない！」

と、泣き出したという。

その後、勝太は彼女と別れたらしい。

二〇〇七年（平成十九年）

一月、住民を代表して小野英二が簗瀬虚蔵に「幽霊が出るのは、あんたが無縁仏を壊したからだ」と抗議をするが、簗瀬は「そんなもの、関係あるかい」と取り合わず、逆に不動産事業を拡大。近くの藪の中にまだ無縁仏が隠れていたにも拘らず、その土地を新たに更地化。親族や部下が反対するも、簗瀬は「幽霊なんているもんか。世話ねえ世話ねえ」と押し切る。

七月、小野英二、勤務先の工場で事故に巻き込まれ、顔面から劇薬に浸かって重傷を負う。両目が潰れ、顔の皮膚と肉の大部分が焼け爛れたが、すぐには死なずに苦しみ続けて二日後に死去。享年四十五。

住民たちはひどく怯え、相談した末、祈祷師を招聘。男性祈祷師は御祓いを行った上で、各家の鬼門と裏鬼門に御札を貼る。「これは絶対に剥がしてはなりません。効き目が切れる頃にまた参ります」と念を押して帰った。以後、幽霊を目撃する住民は減少する。

二〇〇八年（平成二十年）
六月、蟻川勝太、バイクで事故を起こし、左手と左足を複雑骨折。八月、蟻川家全員が逃げるようによその土地へ転居。

萩原大幾の日記　平成二十年九月三日
「離れに出る狐火が、前よりでっかくなったんスよ。その中に人の生首が見えるんです」
そう語った勝太の、今にも泣き出しそうな顔が忘れられない。彼はその翌日、事故に遭った。他の家と違って、蟻川家だけは怪異が続いていた。

空家になってから内緒で庭に入って確認したところ、鬼門と裏鬼門に貼られていたはずの御札がなくなっていた。勝太は高校を中退して十九になっていたが、定職に就かず、暴

走族に入ったままだったので、近所の評判は良くなかった。この住宅地の中には、

「あいつ、中学でも高校でも、よく他の生徒をいじめてたらしいよ。たまにあの家の前で知らない若い奴を見かけたんだけど、同級生が昔の恨みを晴らしに来たんじゃねえのかい。どっかでここの噂を聞きつけて、御札を剥がしに来たんだろう」

などと言う向きもある。

ただ、憶測に過ぎないが、勝太が夜通し流す音楽に腹を立てた近所の誰かが、密かに御札を剥がしていたとしても不思議ではない。

二〇〇九年（平成二十一年）
簗瀬虚蔵、自身も幽霊を目撃するようになる。一人で会社の事務所にいると、いつしか見知らぬ男女が五、六人現れ、恨めしそうな目つきで彼を睨むという。鎧武者が現れ、血が付着した刀を抜いたこともあったそうで、これには豪胆な簗瀬も耐えられず、事務所から一時逃げ出した。また、この頃から彼が経営するパチンコ店の利用客が著しく減少。

二〇一〇年（平成二十二年）
年明けに簗瀬の妻、蜘蛛膜下出血で倒れ、急逝。春には一人娘の綾乃（当時二十一歳）

が「家に幽霊が出た！」と言ったあと、言動に異常を来す。美しい娘だが、急に身なりに気を遣わなくなり、仕事を辞め、自宅で暴れたり、意味不明の言葉を発するようになった。精神病院にて統合失調症と診断され、入院を余儀なくされる。秋に簗瀬が経営する土木建設会社の社員が別の町にある作業現場で機械に巻き込まれ、死亡する事故が発生。

二〇一一年（平成二十三年）

十月、簗瀬虚蔵、風呂場で転倒。頸髄損傷により、頭部を除いて全身を動かすことができなくなる。簗瀬、入院した病院へ見舞いに訪れる者たちに、遭遇した怪異を詳しく語る。「生首だ。湯船から、生首が飛び出してきたんだ。びっくりして転ぶのも当然だんべえ」「昨夜も病室に鎧武者が出やがった。俺が逃げられないのをいいことに、朝までベッドの脇にいやがってな……。おかげで一睡もできなかったぜ」などと零す。

パチンコ店は客足が遠のき、赤字が続いていたが、この年限りで閉店。

二〇一四年（平成二十六年）

五月、簗瀬の娘、綾乃は統合失調症から快復、精神病院より退院。十一月、簗瀬虚蔵、三年間寝たきりの末、尿路感染症を原因とする敗血症により死去。享年六十一。綾乃は土木建設会社と不動産会社の経営を受け継ぐことなく他人に譲り、旧パチンコ店の土地建物も売却しようとする。

二〇一八年（平成三十年）

山の住宅地では現在も数年おきに祈祷師が訪れ、御札の交換を行っている。新しい住宅は増えず、むしろ空家が増加。萩原大幾は「僕はローンの支払いに縛られているので、仕方なく今も住んでいますが、御札あっての町なんです。なければ住めたもんじゃありません」と嘆息する。

綾乃は他県に転居。旧パチンコ店の土地建物は未だに買い手がついていない。

元日魔人

群馬県南部では三十年前から元日にニューイヤー駅伝（全日本実業団対抗駅伝競走大会）が行われており、全国にテレビ中継もされて新年の風物詩になっている。

その日、N美さんは娘二人と伊勢崎市へ行き、力走する選手たちを沿道から応援した。選手たちがごく短時間のうちに通過してしまうと、N美さんは娘二人を車に乗せて神社へ初詣でに向かうことにした。車が少ない道路を走っていたときのこと、助手席に座っていた八歳の長女が不意に「あああっ！」と大声を上げた。すぐと後ろを振り返る。

「どうしたの？」

「……今の人、見た？」

「今の人？」

N美さんはバックミラーを覗いたが、元日の道路には後続車や歩行者の姿はなかった。

「あ、あのね……」

長女が声を震わせながら語った内容というのは、こうである。

つい先程、前方から自転車に乗った男がいきなり現れたかと思うと、こちらに猛スピードで突進してきた。スキンヘッドのでっぷりと太った中年の男で、雪がちらつく寒い日なのに白いランニングシャツを着て、短パンを穿いただけの出で立ちだったという。

ぶつかる！　長女は堪らず叫んだが、車と激突する寸前、男の大きな目がぎらっと光り、自転車もろとも宙に浮かび上がった。そして車の上を飛び越え、道路に着地して走り去ったそうだ。

「そんなの、お母さんには見えなかったよ」

N美さんは長女がつまらぬ嘘を吐いたのかと思い、呆れ返ったのだが……。

それまで元気だった長女が帰宅後、急に高熱を発した上、嘔吐を繰り返して寝込んだ。何も食べられず、白湯《さゆ》で薬を飲ませても吐いてしまうので、元日の夜から診察と治療をしてくれる病院を探さなければならなかった。食中毒の原因となりそうなものは食べさせておらず、医師にも、風邪らしい、ということ以外はわからなかったそうである。

N美さんは長女の話を信じざるを得なくなった。

んよっ！

尾瀬で知られる群馬県北東部の利根郡片品村は、森と高原に囲まれたリゾート地である。

Fさんは高校生の夏休みに男子テニス部の部長として、片品村へ合宿に行った。トレーニングはまず、早朝のロードワークから始まる。総勢二十四名の部員たちが走っていると、やがて長い下りの坂道に差しかかった。

そのとき、後ろから一台の自転車が近づいてきた。いわゆる〈ママチャリ〉で、色白の若い男が乗っている。真夏だというのに黒いウインドブレーカーを着て、髪は長め、真っ黒なサングラスを掛けていた。男は部員たちを追い抜きながら大声で、

「んんんんんんんんんんんんんんんんんんんんんんんんんんんんんん…………」

と、唸るような声を発し始めた。そして全員を追い越したところで、

「んよっ！」

最後にそう叫ぶと、急に猛スピードを出して走り去った。

「何だあ、あいつ？」

部員たちは笑ったが、その直後に一人が転倒した。彼は両膝に軽い傷を負っている。

翌朝もテニス部員たちが走っていると、同じ坂道であの男が自転車に乗って現れた。そして前日と同じことをやり始めたのである。

「んんんんんんんんんんんんんんんんんんんんんんんんんんんんん…………んよっ！」

全員を追い越したところで、歌舞伎役者が見得《みえ》を切るように首を回しながら「んよっ！」と力を込めて叫ぶのが特徴であった。そのあと一気に走り去ってしまう。

また部員たちは失笑したが、その直後に一人が転倒して、手足を擦り剥く怪我をした。

「あいつと遭う度に怪我人が出るなぁ。疫病神って奴か……」

「俺、何だか気味が悪くなってきた。もう遭いたくないよ、あいつには」

部員たちの間に動揺が広がり始めたので、

(これは、何とかしないといけないな)

と、部長であるFさんは思案するようになった。


三日目の早朝。

男子テニス部の一行は、またもや同じ場所であの男と遭遇した。

「んんんんんんんんんんんんんんんんんんんんんんんんんんんんんんんんん…………」

唸るような声を長く長く、長く引っ張りながら、部員たちを次々に追い抜いてゆく。先頭を走っていたFさんにも接近してきた。今にも追い抜かれそうになる。

(まずい。ここで「んよっ!」と言わせていけない。その前に俺が何とかしないと!)

そこでFさんは咄嗟に、

「んんんよおおっ!!」

あらん限りの大声で、男よりも一瞬早く叫んだ。

次の瞬間、男が自転車ごと前のめりに転倒したかと思うと——。

男も自転車も消えてしまったそうである。


んよっ!

盂蘭盆会《うらぼんえ》の朝

海がなくて東西と北を山地に覆われ、南に関東平野が広がる群馬県の夏は、とにかく暑い。そんな酷暑が続く晩夏のことである。

八月、盂蘭盆会の入りの日。前橋市内で町工場を営む男性Y田さんは、早朝から出勤してきた。社員数名の小さな会社で、部下たちには盆休みを与えていたが、どうしても断れない仕事が入ったので、一人で出勤したそうだ。彼が工場のドアを開けたところ――。

奥のほうから、途轍もなく大きな羽音が聞こえてきたかと思うと、薄暗い室内から、巨大な昆虫が飛び出してきた。

「ほええっ！」

それはコバルトブルーに輝くカナブンであった。見慣れない体色だが、それ以上に驚いたのはその大きさで、体長三十センチを優に超えて見える。世界最長のカブトムシといわれるヘラクレスオオカブトよりも遥かに長さがあって、大きかった。Y田さんは虫が苦手なわけではないが、咄嗟に大きく飛び退いた。驚いて身体が勝手に反応したのだという。

カナブンは彼の目の前を通過して、屋外へ飛び出していった。

Ｙ田さんはすぐに振り返ったが、カナブンはどこへ行ったのか、もう姿が見えなかった。ただし、その羽音だけは上のほうから聞こえてくる。

Ｙ田さんは晴れ渡った早朝の大空を仰いだ。羽音は大空を遠ざかってゆき、やがて連日の熱気が立ち込める晩夏の街に消えていった。

超高速

同じ前橋市内で起きたことだが、前の話とはまったく関連のない工場での話だ。四十代の男性M本さんは、その工場で長年にわたって働いている。

四月上旬の昼間のこと。休憩時間になったので、彼は操作していた大きな機械を止めた。そこへ仲の良い後輩がやってきた。二人が機械の前で談笑していると、

「先輩、あれ……」

後輩が機械のほうを指差す。

M本さんが振り返ると、何もいなかった。

「今、機械の横をカブトムシが走っていったんですよ。凄い速さで……」

「はあ？」

そのカブトムシは機械と機械の間に入っていったのだという。M本さんは十五センチほどの隙間を覗き込んでみたが、埃が溜まっているだけで何もいなかった。

「何言ってんだよ。大体、この時季にカブトなんか、まだいねえだろ」

ましてや工場は出入り口のドアが閉まっており、大型の昆虫が入れる隙間はなかった。

「いや、確かに見たんですよ」

「……じゃあ、ゴキブリでもいて、カブトと見まちがえたんじゃねぇんかい」

M本さんが苦笑しながら顔を上げたときのことである。

向こうから床を這ってくるカブトムシが、視界に飛び込んできた。長い角を持った大きな雄が、相当な速さで六本の脚を動かし、M本さんの足元を通過すると、機械と機械の隙間に入り込んでゆく。

二人は慌ててまた隙間を覗き込んだが、カブトムシは既にいなくなっていた。一瞬目撃しただけとはいえ、確かにゴキブリではなく、体長八十ミリはありそうな、立派な雄のカブトムシであった。

ちなみに、カブトムシの身体は鎧を纏ったような重厚な造りのため、敏捷に動くことはできない。ましてや工場の床は滑らかなコンクリートでできている。カブトムシは樹上生活に適応した昆虫なので、脚には鋭い爪があり、それが滑らかな床の上では滑ってしまい、まっすぐ歩くことすら困難なはずなのだ。

「今の、ほんとにカブトだったのかな？」

M本さんは首を傾げ、後輩は唸ってしまった。それからしばらくの間、様子を見ていたが、カブトムシがまた姿を現すことはなかったそうである。

山奥にいたもの

O崎さんの体験談である。

多趣味でクワガタムシも好きな彼は八月の深夜、群馬県内のある高い山へ昆虫採集に出かけた。そこは舗装道路が山頂近くまで整備されているので、夜でも採集ポイントに入ることができる。駐車場に車を駐めて登山を開始したO崎さんは、懐中電灯でヤナギなどの広葉樹を照らしながら見ていった。狙いは七十ミリを超えるミヤマクワガタである。

満月が出ていた。紺青の夜空が明るい。月の周りが紫色に輝き、白い雲を浮き彫りにしている。七色の月光が登山道に優しく降り注ぎ、歩くだけなら灯りもいらないほどだ。

(いい夜だな。これででっかいミヤマがいてくれれば、最高の夜になるんだが……)

幸い熊や猪と遭遇することもなく、無事に山頂まで到着したが、クワガタムシの類いはいなかった。帰路も広葉樹をよく見ながら下山する。

今度はヤナギの樹皮に〈齧り痕〉を見つけた。平地や低山地ではカミキリムシやボクトウガの幼虫が開けた穴から発酵した樹液が噴き出し、それが昆虫の餌場となるのだが、標高一〇〇〇メートル以上の山地では夜間の気温が低いことから、発酵した樹液が噴き出すことは少ない。そのため、クワガタムシの雌はヤナギやシラカバなどの樹皮を自ら齧って、滲み出るわずかな汁を吸う。雌がいる場所には交尾をするため雄もやってくる。新しい〈齧り痕〉があれば、近くにクワガタムシがいるはずなのだ。

けれども、この〈齧り痕〉はやや古く、ミヤマクワガタは来ていなかった。アカアシクワガタやスジクワガタもいない。

しばらく山を下ると、道の両側に石垣が築かれている場所があった。その先に廃屋がある。平屋建ての小さなもので、避難小屋か、あるいは林業や狩猟に来た者が寝泊まりする小屋だったのかもしれない。屋根が半ば崩れ落ち、戸も失われて荒れ果てていた。その前を通り過ぎようとしたときのこと――。

廃屋の脇に生えているスギの木の上から、何かが音を立てて落ちてきた。水分を含んだものが弾けたような音である。

O崎さんは立ち止まり、そちらに灯りを向けてみた。

どろどろした真っ黒な油のようなものが、直径一メートルほど地面に広がっている。

(何だろう？　コールタールか？)

しかし、なぜコールタールが木の上から落ちてきたのか？　怪訝に思いながら五メートルほどの距離を置いて凝視すると、コールタールに似たものが動き出した。上へ伸びてきて、胴体と手足らしき形ができてゆく。真っ黒で、裸体なのか、服を着ているのかわからないが、人間の体形とよく似ていた。さらに両肩の間から頭部がせり上がってくる。

ところが、それは頭部にしては異様な形状をしていた。ひどく長いのである。そのまま五十センチ以上も伸びて、ついには頭頂がスギの木の枝にくっついた。そして左右に身をくねらせ始めたのだ。両足が宙に浮いて、全身が木の枝にぶら下がっていた。

O崎さんは過去にも〈人のような姿をしているが、人でないもの〉を見た経験が何度もあったことから、ここまでは冷静に観察できた。だが、それも限界であった。

（こいつ、クネクネみたいじゃないか！）

〈クネクネ〉とは、インターネットで広まった都市伝説で『遠く離れた田畑にくねくねと動く白い物体が見える。遠いのではっきりした姿はわからない。そこで好奇心の強い人が望遠鏡を使って見たところ、その人は気が狂ってしまった』というものである。

O崎さんがその話を思い出していると、上のほうからブチッ、と音がした。〈クネクネに似たモノ〉が木の枝から離れて地面に降り立ち、こちらに向かってくる。都市伝説の〈クネクネ〉とは体色が異なるが、その黒い肌は粘液に覆われたようにヌメヌメと光っていて、巨大な蛭を思わせた。

（うおっ、気持ち悪《わり》い！）

いかにも不浄な感じがする。どんな危害を加えられるのかは不明だが、絶対に触れたくなかった。O崎さんは駐車場まで全速力で走って逃げた。車の近くまで戻ってきて振り返ると、相手はいつの間にかいなくなっていたという。

それから一年余りが経った。O崎さんは五十種を超えるともいわれる日本産クワガタムシを全種そろえて飼育し、死んだ個体は標本にして保存することを目標にしていた。けれども、ヒメオオクワガタはまだ採集できていなかった。

ヒメオオクワガタとは寒冷地を好むクワガタムシで、北海道や東北地方の北部では低山地にも棲んでいるが、それ以外の地方では標高一〇〇〇メートルを越える山地にしか生息していない。実際には、幼虫が主にブナの朽ち木を食べるため、ブナ林が広がる山地の、標高一三〇〇メートルから一六〇〇メートル付近に多いといわれている。

群馬県内にはヒメオオクワガタの生息地が何ヶ所か存在している。とはいえ、どこも個体数は少ない。かつては多産した山もあったが、広葉樹林の伐採とスギの植林が行われたことで激減した。

それでも群馬県出身在住のO崎さんは「最初のヒメオオは地元で捕りたいものだ」と考え、幾つかの山へ行ってみたものの、なかなか捕れなかった。そこでやむを得ず、また〈クネクネに似たモノ〉と遭遇した山へ行く決意をしたという。他の虫屋（昆虫採集を好む趣味人のこと）から「数は少ないが、あの山にはいる」との情報を得ていたからである。

九月中旬、O崎さんは朝から採集に出発した。ヒメオオクワガタは六月頃から姿を見せるが、他のクワガタムシが減ってきた九月中旬頃に最も数が多くなる。しかも夜間ではなく、気温が上がる昼間に活動することが知られている。

今回、O崎さんはバナナトラップを自作していた。これはまず、皮を剥いたバナナに焼酎や砂糖、ドライイーストを掛けてよく混ぜ、発酵させる。さらに大きなペットボトルを二つに切断し、飲み口の周りも切っておく。そして本体となるほうに発酵したバナナを入れ、口があるほうを逆さにして蓋とし、本体に差し込めば完成となる。

山に到着すると、廃屋の前を急いで通り過ぎた。今度は何も起こらなかった。藪に踏み込み、他の採集者には見つかりそうにない木の幹にトラップをビニール紐で縛りつける。

高い山は自然が豊かなわりに、虫影《ちゅうえい》が分散していて薄いことが多い。この日もヒメオオクワガタはおろか、他のクワガタムシも見つけることができなかった。

それから三日後。

O崎さんは仕事を早めに上がらせてもらい、同じ山へ向かった。日が暮れてからあの廃屋には近づきたくないので、今日はトラップを回収するだけにしようと決めている。駐車場で車から降りて登山道を走って登り、藪を漕いでトラップに辿り着いた。トラップの蓋を外して中を覗くと、真っ黒に崩れたバナナの間から、黒い甲虫類の腹部と脚が覗いていた。符節（足の先にある細い部分）がやけに長い。ヒメオオクワガタの特徴であった。

（入ってる！）

逸《はや》る気持ちを抑えながら登山道まで戻ると、中身をぶちまけた。バナナの甘酸っぱい香りが辺り一帯に広がる。獲物も転げ出てきた。オオクワガタを小さくしたような、がっちりした身体と大顎、他のクワガタムシよりも長い脚――まぎれもなくヒメオオクワガタだ。手に取ると、怒って大顎を広げた。元気が良さそうである。

ノギスの代わりに持参した定規を当てて大凡《おおよそ》の体長を計ったところ、五十ミリを超えていた。この種としては大きなほうだろう。喜びに手が震え出す。

（やった、やった！　ついにやったぞ！）

勝利の雄叫びを上げたくなる。スマートフォンのカメラで記録用の写真を撮ってから、ヒメオオクワガタをプラケースに収め、車へ戻ることにした。午後五時半、辺りは既に薄暗くなりかけている。あの廃屋が見えてきた。足早に通過しようとしたとき……。

水分を含んだ大きなものが落下する音が、背後から聞こえてきた。振り返ると――。

クネクネに似た黒いものが立って、揺れ動いていた。今度は木の枝にぶら下がってはいなかった。背が高い。身長一七七センチあるO崎さんが首を曲げて見上げたほどで、身の丈二メートルを優に超えているだろう。もっとも、華奢な身体つきをしていて、頭の長さが七、八十センチもあり、肩の位置はO崎さんの肩よりもずっと下にあった。とりわけ頭だけが長いのである。それがゆらゆらと身体を揺らしながら、こちらに向かってきた。

（ちっ。また出やがった！）

O崎さんは走って逃げた。振り返ると、〈クネクネに似たモノ〉も走って追いかけてくる。ふんぞり返って両手をまったく振らず、両足だけを動かす奇妙な走り方をしていた。

（くそっ。こんな奴なんかに！）

相手の動きからして強そうには見えなかったので、O崎さんは立ち止まった。石でも拾ってぶつけてやろうかと、地面を見回したが、手頃な石がなかった。〈クネクネに似たモノ〉も立ち止まって、こちらを向いている。真っ黒な顔には目鼻も口も耳もなくて、表情はまるで窺えないが、どことなくO崎さんをからかって面白がっているように思えた。

（この野郎、ぶん殴ってやろうか……）

だが、粘液に覆われたような相手の肌はいよいよ不気味で、やはり直接触れたくはなかった。O崎さんは再び走って逃げることを選んだ。相手もまた追いかけてくる。その手がO崎さんの首筋に触れた。ヌメリとした指の感触があったが、温かくも冷たくもなかった。

走って走って、必死に駐車場まで逃げてきて振り返ると、〈クネクネに似たもの〉はいなくなっていた。やっとヒメオオクワガタが捕れたのに、嫌な気分で家路に就いたという。

O崎さんは今も元気に暮らしているが、その山へ行くのはやめている。

十一番目の客

群馬県北部は由緒ある温泉が多い。例えば北西部の吾妻郡には、草津や四万、万座や鹿沢などの有名な温泉街がある。

二〇〇四年八月、私は吾妻郡の某温泉旅館にて、人生初の百物語の会を催した。『怪談を一夜に百話語れば、実際に怪異が起こる』といわれる百物語には昔から興味があり、東京に住んでいた学生の頃、友人たちを誘ったこともあったが、

「怖いのは嫌だ」

「おまえは馬鹿か。百話やったら、本当にお化けが出るんだろ？」

「呪われるぞ」

と、皆に断られてしまい、実現できなかった。

それ以来、どうしてもやってみたかったのだが、このときも人集めには苦労した。当時の私はプロデビュー前で、怪談好きの仲間が少なかったのだ。古くからの友人たちを誘っても全員に断られて、集まったのは私が妖怪のホームページを運営していた頃に知り合った東京都や神奈川県在住のM美さん、C子さん、T代さんの女性三名と、妻が連れてきた

パート先の同僚五名（男性一名、女性四名）、そして私と妻の合計十名であった。

会場の温泉旅館は山奥にある木造の古い建物で、真下に清流が流れている。部屋にエアコンはないが、扇風機だけでも十分に涼しくて、窓を開けるとスミナガシという薄墨色の翅《はね》に青緑色の光沢がある蝶が舞い込み、少し休んで出ていった。

M美さん、C子さん、T代さんは美術を趣味とする友人同士で、私が以前に顔を合わせたことがあるのはM美さんだけであった。彼女の話によると、T代さんは〈見える人〉で、到着早々、旅館の廊下に〈何か〉がいる気配を感じたようだ、という。

T代さんがどんな体験談を披露してくれるのか、楽しみにしながら午後七時半頃、座敷の電灯を消して百物語を開始した。小道具として燭台を十台用意し、一度に十本の蝋燭を立てて火を点け、一話終わるごとに吹き消してゆく。十話目が終わってすべての火を消すのと同時に電灯を点けて、また十本に点火する。

私が前に出て数話を語ると、他の参加者も用意してきた話を語ってくれたのだが、期待していたT代さんはなぜか一話も語らずに黙っていた。そしてM美さんが午後十一時半頃に「そろそろ寝ます」と告げると、C子さんとT代さんも一緒に退座してしまった。百物語は続いて、小ネタが多かったこともあり、午前一時過ぎには百話目が終了した。

「さあ、怪奇現象が本当にあるものなら、今ここで何かが起こるかもしれないぞ」

私は残っていたメンバーとともに様子を見ることにした。しばらくして、

「さっきから部屋の隅のほうで、ズルズル、とか、大きな動物が這い回っているような音がしてるんですけど、聞こえませんか？」

妻の同僚である若い女性が言う。心なしか、顔が青褪めていた。

だが、私や妻には清流の流れる音しか聞こえなかった。我々は三部屋に分かれて眠り、一泊二日のイベントは無事に終了した。

しかし、T代さんが旅館で何を見たのか、私はずっと知りたいと思っていた。そこで後日、東京で一席設けてT代さんから聞き出すことに成功したのが、以下の話である。


八月のあの日。T代さんは旅館に入ってまもなく、廊下の高い天井の近くを浮遊している〈何か〉の気配を感じ取った。彼女の霊的な存在に対する考え方は独特なものがあって、自然と〈見えてしまう〉わけではないそうだ。

気配がする、何かがいる、と感じると、それまで見えていなかったものが脳の働きによって視覚化する、もしくは見ようと意欲することによって視覚化している——そんな気がするのだという。したがって、目に映ったものが本当にその通りの形状をしているとは限らないし、むしろ違うのではないか、と思うこともある。

さて、百物語が始まると、〈何か〉の気配が会場の座敷に侵入してきた。室内は蝋燭の灯りだけで薄暗かったが、空中にヌメヌメしたものの気配を感じ、やがて体長が二メートルもある巨大なナマコのような、あるいは目もなければ四肢もないオオサンショウウオのような姿が見えてきた。

けれども、大きさや雰囲気が一番よく似ていたのは、子供の頃に見たものであった。東京で生まれ育った彼女は、母親と一緒に神田川に架かる橋を渡っている最中、川面に巨大な泥の塊らしきものが浮上するのを見て驚いた。小舟ほどの大きさがあったそうだ。

「お母さん、あれ何？」

「ヘドロだよ」

当時の東京の川は現在よりも遥かに汚れていた。大人たちは誰も気にしていなかったが、T代さんはその光景が今でも忘れられない。ただし、ヘドロからは生命力を感じなかったものの、旅館で遭遇した大きなものは上下や左右にゆるゆると身をくねらせながら空中を移動し、強い生命力を秘めていそうな気がした。その上、

「山奥から来た」

「水辺から来た」

そんな内容をT代さんの脳裏に直接伝えてきた。そして座敷の空中に現れては消えるこ

とを何度も繰り返していた。人に危害を加えることはなさそうなので、T代さんは騒がずにいたが、今見ている光景や過去の体験談を口にすることは控えた。

（百物語がこれを呼び寄せたのかもしれない。そうだとしたら、私まで語ると、もっと悪いものが来てしまうのでは……）

と、嫌な予感がしたからだという。


T代さんの話は実に興味深かったが、その視覚化への過程から、気のせいと考えられないこともない。とはいえ、百物語の終了後には他の女性参加者も『部屋の隅のほうでズルズル、と大きな動物が這い回っているような音がしている』と語っていた。その女性とT代さんは初対面であり、挨拶以外の会話をしていなかったので、示し合わせて創作ネタを吹聴することはできなかったと思う。

百物語の会の参加者は十名だったが、実は十一番目の参加者がいた。それも〈特別な客〉が、本当に来ていたのかもしれない。

フットチョーク

群馬県におけるキャベツの生産量は、常に全国第一位を愛知県と競っているが、負ける年が多い。その群馬県産キャベツの九割以上が、吾妻郡嬬恋村《つまごいむら》で生産されている。嬬恋村は長野県との県境に面した高原で、夏でも涼しく、冬は畑が雪に閉ざされるので、キャベツ作りは夏から秋に限られている。温暖な気候で冬にキャベツを作る愛知県とは対照的だ。

三十代の男性Vさんは以前、野菜を全国に配送する会社で働いていた。彼の仕事は夏から秋にかけての四ヶ月間、嬬恋村に一人で住み込み、ひたすらキャベツを収穫することである。宿舎は広大なキャベツ畑の真ん中に建てられたプレハブ小屋であった。当時のプレハブ小屋は粗末で、夏の日中は非常に暑くなる。逆に高原なので夜は冷え込む。

また、夏は雷が多発し、稲妻がキャベツ畑に落ちまくる。乗っていたトラックの真横に落ちてきたときは、爆弾が投下されたようで竦み上がった。おまけに水温が低いことから、衣服を洗濯しても汚れが落ちない恨みがある。そんな住み難《にく》い環境ではあったが、Vさんは辛抱して仕事を続けていた。

ある夜のこと。彼がプレハブ小屋で眠ろうとしていると、不意に上から、ガシッ、ガシッ、ボンッ、ボンッ、という大きな物音が聞こえてきた。その音はあちこちへ移動していて、風の音ではなく、足音のようである。屋根の上を何か大きなものが跳ね回っているらしい。夜のことでもあり、人間の仕業とは思えなかった。

（何だろう？　熊でもいるんだろうか？）

Vさんは寝床から起き上がって電灯を点けた。それと同時に屋根の上の足音もやんだ。窓から外を見たが、熊が姿を現すことはなかった。不審に思いながらも電灯を消して眠ろうとすると、また屋根の上から足音が聞こえてくる。電灯を点けると足音は途絶えた。気になったVさんは懐中電灯と、護身用のつもりで大きな鎌を持って、恐る恐る外へ出てみたという。

空気が澄んでいて、頭上には紺青の満天に星が煌めいている。懐中電灯の光線を屋根の上に当ててみたが、何もいないようだ。Vさんは安堵の溜め息を吐いた。

（良かった。やっぱり風の音なのかな？）

しかし、強い風も吹いてはいない。昼間の労働で疲れていたVさんは、深く考えないことにして小屋の中に戻り、横になって眠ろうとした。ところが、電灯を消すと、またもや足音が聞こえてきた。もう気にするまいと目を閉じていたが、足音はやまない。それどころか、ドアや窓にはすべて鍵を掛けていたというのに、何かが部屋に忍び込んできたようで、畳を踏む足音が近づいてきた。

我慢できなくなって目を開け、電灯を点けたものの、何もいなかった。Vさんは電灯を消して眠ろうとした。すると、足音が布団の周りをぐるぐると歩き回り始める。暗闇に目を凝らしたが、もどかしいことに何も見えない。

(いや、俺の気のせいだろう。絶対にそうさ)

Vさんは自分に言い聞かせたが、今度は足音の主が一気にVさんの胸の上に馬乗りになってきた。加えて、目に見えない堅いものがVさんの喉を絞めつけてくる。骨張った足、おそらく脛だろう。総合格闘技にフットチョークと呼ばれる、脛を相手の喉に押しつける絞め技がある。Vさんはまさにそのフットチョークを極《き》められていた。

懸命にもがいたが、身体をがっちりと押さえ込まれていて、布団を蹴飛ばすことしかできなかった。Vさんは気道を圧迫され、喉への激痛と窒息により絞め落とされてしまった。

翌朝、夜が明けてきた頃に目が覚めた。室内には彼の他に誰もいない。

(悪い夢でも見ていたんだろうか?)

身体がひどくだるかった。仕事を始めようとしたが、思うように動けない。時間が経つにつれて熱が出てきたので仕事を休み、車で町場にある診療所へ行った。風邪薬と熱冷ましをもらって帰り、それを飲んで寝ていたが、一向に良くならない。悪寒がして、いつまで経っても身体の震えが止まらないのである。

その夜は怖かったので、電灯を点けたまま眠ろうとしたが、昼間も眠っていたせいか、なかなか眠れなかった。それでも目を閉じていると、真夜中になってまた足音が聞こえてきた。昨夜と同じように布団の周りを歩き回り始めたらしい。

（ちくしょう。こんなときに……）

Vさんが目を開けると、目の前に灰色の靄《もや》が浮かんでいた。それが凝り固まって人間のような形に変容してゆく。そしてVさんの胸の上に座り込んできた。絶叫しながら夢中で逃げようとしたが、熱があるせいか、身体が思い通りに動かない。相手の姿はぼんやりとしたままだったが、またしてもフットチョークを極められ、絞め落とされてしまう。

朝が来て目が覚めると、熱が上昇していた。

しかも夜にはまたもや足音が迫ってくる。前夜同様、電灯は点けたままにしてあった。目を開けると、今度は灰色の靄が実体化していた。相手の上半身はぼやけているが、下半身は灰色の長い体毛にびっしりと覆われている。両足の指先には鋭い爪が生えており、人間のように二本足で直立していた。そいつがVさんの胸の上に乗ってきたのだ。さほど太くはないが筋肉質な足でたちまちフットチョークを極められ、絞め落とされてしまう。

三日目の朝には、熱が四十度を超えていた。会社に携帯電話で状況を伝えるのがやっとで、ろくに動けず、何も食べられない。喉が痛くて水を飲むのも辛かった。本来ならまた診療所へ行くべきだが、高熱で思考力が低下してしまい、ただ寝ていることしかできなかった。

その上この日は、足音の主が大胆にも真昼間から現れたのである。毛むくじゃらの姿が、足から肩まで実体化していた。身体は中肉中背のVさんよりもひと回り大きくて、両手の指先にも鋭い爪が生えている。首はなかったという。Vさんはフットチョークによって、わずか数秒で絞め落とされた。

目が覚めると夕方になっており、枕元に男性が座っていたので驚いたが、会社の同僚であった。彼は心配してVさんの様子を見に来てくれたのだ。

「灰色の……毛むくじゃらの奴に……首を、絞められて、熱が、出たんだ……」

Vさんがやっとの思いで経緯を語ると、同僚は眉を曇らせた。

「ここ、悪い場所なんじゃないか。下に下りようぜ。このままだとおまえ、死ぬぞ」

このキャベツ畑は高原の中でもとくに高台にあった。麓に下りると会社が下宿所として使っている民宿がある。初老の女性が経営していて、Vさんも面識があった。そこへ行こう、と同僚に勧められ、Vさんは車に乗せてもらった。既に自力では車を運転することも敵わなかったのである。民宿で一晩様子を見て、病状が好転しなかった場合は入院施設がある大きな病院まで行くことになった。

その夜、毛むくじゃらのものが襲ってくることはなかったという。

驚いたことに、翌朝には嘘のように熱が引いてきた。

さらに翌日。Vさんはだいぶ生気が甦ってきたので、民宿の経営者の女性にプレハブ小屋での体験を語ってみた。すると女性は少し考えてから、こんな話をしてくれた。

「昔、あの土地には古い家が一軒だけあったんだけどね、凄い火事があって、独りで暮らしていたお年寄りの男性が亡くなったんですよ。近くにお墓があるでしょう。あれが、その人のお墓なんですよ」

そう言われてみると、なるほどプレハブ小屋の近くに、ぽつんと小さな墓があった。ただし、Vさんが遭遇したものが火事の犠牲になった老人の死後の姿なのか、別のものなのか、なぜフットチョークを掛けてきたのか、確かなことは何もわからなかった。

それ以後、Vさんはその民宿で寝泊まりして、時間はかかるが、車でキャベツ畑まで通うことにした。彼と同僚が騒いだことから、プレハブ小屋は利用者が誰もいなくなり、数年後に取り壊されたそうである。

雷との〈ら〉

群馬県には児童教育にも取り入れられている『上毛かるた』がある。上毛《じょうもう》とは群馬県の旧名、上毛野《かみつけの》から〈野〉を除いて音読したもので、『上毛かるた』は県内の名所旧跡や名物、歴史上の人物や人間の気質などを詠んだカルタ遊びのことだ。

例えば〈ら〉は、「雷《らい》と空っ風　義理人情」。

確かに以前の群馬県は、夏に雷雨が多かった。昔住んでいた家の前に電柱が立っていて、そこに落雷が二度あり、庭で飼っていた犬がショック死しかけたこともある。近所には電柱から弾け飛んだ器具に窓ガラスを割られた家もあった。落雷後は辺り一帯が停電となり、雷雨が完全にやむまでは復旧作業が行えないことから、朝まで家の中は真っ暗闇になった。地震や水害が少ない群馬県において、最も恐ろしい天災が雷だったのかもしれない。

だが、自然環境の変化からか、近年はだいぶ減った感がある。

これは、その雷雨に関する話だ。

N美さんは群馬県南西部の山村に嫁ぎ、娘二人が誕生した。姑とも仲良く同居していたが、女好きで気が荒い夫とは次第に仲が険悪になり、離婚することになった。おまけにその頃、姑のK代さんの体調が悪くなって、病院で検査を受けると、末期癌で手に負えない状態だという。そこで夫とは「別れるのは、お義母さんを送ってあげてからにしようね」と話していた。K代さんは入院したが、余命の告知はせずにいた。すると、病が治るものと思っていたK代さんは気を遣ってくれた。

「私が退院したら、すぐに離婚していいんだよ」

K代さんはいつもそんな風に優しくて、気が利く人物であった。N美さんは隠れて涙を流さずにはいられなかったという。

結局、K代さんは数ヶ月後に亡くなってしまった。N美さんは夫と離婚して娘たちを引き取り、同じ県内にある実家へ戻った。

K代さんはN美さんの娘たちをとてもかわいがっていた。長女が小学生になった頃、

「お祖母ちゃんが夢に出てきた」

と、口にしたことが何度もある。夢の中のK代さんはいつも微笑みながら「字が上手くなったねえ」「友達が沢山できて良かったねえ」と褒めてくれるそうだ。

ある日、N美さんは休日に娘たちを連れてピザ店へ行った。そこはK代さんが生前、とくに気に入っていた店でもあった。三人でピザを食べていると、

「M」誰かが長女の名前を呼んだ。優しそうな老女の声であった。「美味しいかい?」

お義母さん！　N美さんが気づいたのと同時に、長女も左右を見回した。二人ともK代さんの声を聞いていたのである。しかし、その姿を目にすることはなかった。


それから数年後。N美さんは盆や彼岸、命日には必ず娘たちを連れて、K代さんの墓参りに行くことにしていた。その年も盆の八月十三日に行くことにしたが、墓地はかつて暮らしていた集落の奥にあり、盆や彼岸に行くと必ず元の親戚や知人に会ってしまう。離婚したことを非難する者や穿鑿する者が多いので、N美さんはこの集落が大嫌いになっていた。けれども、K代さんのことは今でも敬愛しているし、娘たちにとっては大事な祖母である。

(やっぱり行くしかないよね……)

気が進まなかったが、仕事の都合などで盆の間に三人がそろって出かけられるのは、この十三日しかない。N美さんはやむなく車に娘たちを乗せて出発した。途中にあるスーパーで花を買う間も嫌で堪らず、ひどく憂鬱になっていたという。そのとき、

「大丈夫だよ。あたしが守ってるからね」

と、声がしたのでそちらに目を向けると、K代さんが立っていた。生前に好きだった紺

色の和服を着て、にこやかな表情をしている。

「お祖母ちゃん！」

一緒にいた長女も気づいたが、途端にK代さんは姿を消してしまった。二人そろって幻を見たのだろうか、とN美さんは思った。だが、奇跡はまだ続くことになる。

スーパーを出ると、空は晴れ渡っていて風もなく、猛烈な暑さが襲ってきた。ところが、かつて住んでいた集落へ近づくにつれ、強い風が吹き始めて急速に空が曇ってきた。

灰色の入道雲から稲妻が走り、雷鳴が轟く。すぐに雨が続き、凄まじい勢いで地上へ落下してくる。雷もそれを凌ぐ轟音を続けざまに響かせた。三人は命の危険を感じて緊張したが、N美さんは車に乗ってさえいれば、落雷から身を守れることを知っていたので、我慢してそのまま走り続けた。

かつて暮らした集落に入り、墓地へ向かうと——。

何と、到着するなり、雷も雨もやんでしまったのである。車から降りたときには、雲が散ってゆくのが見え、青空が覗いていた。おかげで墓地でも往復の道でも、元の親戚や知人とは会わずに済んだ。

（本当に守ってくれているんだなぁ）

N美さんはK代さんに感謝しながら、いつまでも墓前に手を合わせていた。

里山の足音

Ｚさんの母親の実家は、高崎市の西隣に当たる安中市の郊外にある。その辺りは標高二五〇メートル程度の丘陵地帯で、雑木林が広がる里山であった。

平成の初め、春先のこと。当時小学生だったＺさんはそこへ遊びに行き、祖父と兄と三人で雑木林へ山菜採りに出かけた。空は晴れ渡り、暖かくて気持ちの良い日であった。目当ての山菜も沢山採れた。

その帰路、三人が林道を歩いていると、後ろから、ぱし！　ぱし！　と落ち枝や落ち葉を踏む足音が近づいてきたという。

（誰か来るのかな？）

Ｚさんは振り返ったが、誰もいない。

「足音がするよ」

Ｚさんは前を歩く祖父と兄に知らせた。それで三人が立ち止まると、足音もやんだ。しかし歩き出すと、また足音がついてくる。

雑木林はじきに終わろうとしていた。小さな畑を挟んで、その先に祖父の家がある。

「家までついてきしゃうよ」

兄が不安そうに言った。同じように足音を聞いていたらしい。

先頭を歩いていた祖父が立ち止まった。Zさんと兄も足を止める。

「端《はじ》によけなさい」

祖父が横を向いて、深々とお辞儀をした。

ぱしぱし、ぱしっ！　ざっ、ざっ、ざっ、ざっ……。

足音が近づいてくる。その姿は何も見えなかった。

「おまえたちも頭を下げなさい」

Zさんと兄は言われた通りにした。足音が通過してゆく。それが遠ざかり、すっかり聞こえなくなってから、祖父は頭を上げて、

「山の神様が下界に降りてきているんだ。邪魔をしちゃいけないよ」

と、優しく微笑みながら言った。

神無月の神社

三十代の女性Lさんは霊が見えるそうだ。数年前の十一月、彼女が群馬県内の山にある有名な神社へ行くと、巨大な岩の前に小柄な痩せた老人が身を横たえていた。眠ってはおらず、ぼんやりとこちらを眺めている。くたびれたカーキ色の上着に、色褪せた灰色のズボン、底のすり減った茶色のサンダル——みすぼらしい身なりをした冴えない老人だが、どういうわけかLさんは、神様だ、と直感した。

この時期は旧暦の神無月に当たり、八百万《やおよろず》の神々が島根県の出雲大社に集結するといわれている。ただ、実は神無月でも出雲大社へは行かず、地元に残る神もいるのだが、当時のLさんはそれを知らなかった。

「何でそこにいるの？」

彼女が問いかけると、老人はばつが悪そうに胡麻塩の頭を掻いてから、ぺろりと舌を出してみせた。そして姿を消したという。

晩秋の道祖神

高崎市倉渕町《くらぶちまち》は榛名山《はるなさん》の西側に広がる山村で、他にも角落山、剣の峰、鼻曲山《はなまがりやま》などがあって、西端は長野県と接している。道祖神の石像が多いことで知られ、県外から見学に訪れるマニアも多いらしい。三十代の女性I沢さんは、数年前の晩秋に母親と妹との三人で倉渕町を訪れた。

当時の彼女はまだ倉渕町に道祖神が多いことを知らず、ドライブをしながら知人の家に立ち寄ったのだという。その知人から、近くに双体道祖神があることを耳にした。

「せっかく来たんだから、見ていこうか」

I沢さんの提案に、母親と妹も同調した。

晩秋の群馬にしては珍しく風のない、小春日和である。三人は車を知人宅の庭に駐めておき、徒歩で目的地へ向かった。細い道に落ち葉が積もっている。

目当ての石像は男女が仲睦まじく身を寄せ合っていた。信心深いところがある三人は、石像に向かって手を合わせ、目を閉じてしばし祈った。そして引き揚げようとしたときのこと。妹が先頭に立ち、母親、I沢さんの順番で一列に進んでゆくと――。

Ｉ沢さんは、母親が何やら大きなものを引き摺りながら歩いていることに気づいた。人の形をした影が、母親の足元から後方へ伸びている。

(ああ、お母さんの影か)

最初はそう思ったが、よく見ると影の色がおかしい。黒ではなく、濃いグレーなのだ。その影は地面に仰向けになる形で伸びていたが、やがてむくむくと起き上がってきた。両足で立ち上がると、母親の足元から離れ、単独で歩き始めたのである。足を踏み出す度に、道に積もった大量の落ち葉がめり込むのがわかった。背丈と横幅が縮んで引き締まり、より人間らしい形になってくる。小柄な母親よりも少し背が高いくらいで、長身ではないが、がっちりした体格をした男のように見えたという。

Ｉ沢さんは怖気立《おぞけだ》って、咄嗟に叫んだ。

「お母さん！　変なのがついてきてるっ！」

すると、グレーの人影は間髪《かんはつ》を容《い》れずに消え失せた。

母親が立ち止まって振り返り、妹も何事かと、目を見開いて引き返してくる。

「……行こう！　早くっ！」

Ｉ沢さんは二人を促してその場から離れた。長居はしたくなかったのだ。足早に知人宅まで戻り、挨拶だけしてそそくさと車に乗り込む。Ｉ沢さんが車を発進させると、ほどなく母親が「さっきからどうしたの？」と訊いてきた。

I沢さんがグレーの人影のことを説明すると、それまで黙っていた妹が口を挿んだ。

「それ、私のせいだ。私が道祖神に願いごとをしたからだわ……」

「願いごと、って？」

I沢さんが訊くと、妹は渋い顔をしながら言い難そうに語り出した。

「毎日、あなた方のために、お経を唱えてあげるから、私についてきて下さい、そして、私が幸せになれるように、して下さい、ってお願いしたの」

「何でそんな……」

「だって、ここ何年か、何をやってもいいことがなかったから、つい……」

しかし、グレーの人影はなぜ妹ではなく母親の背後に現れたのか、その理由はわからなかった。それに道祖神は男女双体だったのに、グレーの人影は男と思われるものが一体現れただけであった。

（本当に道祖神だったのかな？　違うとしたら、まだお母さんにとり憑いているんじゃないかしら……）

I沢さんはこの一件を思い出す度に、母親のことが心配になるそうだ。

母校の文化祭

群馬県北部、渋川市出身のY毅さんは、高校時代に軟式野球部に所属していた。二年生のときに文化祭が行われることになったが、運動部は何も発表するものがないことから、お化け屋敷を催す企画を立てた。しかし古株の教師たちから、

「お化け屋敷だと。そんなもの、下らねえ」

「軟式野球とは関係ないじゃないか。駄目だ駄目だ」

と、冷たく却下されてしまい、悔しい思いをした。

高校を卒業した翌年の秋、Y毅さんはかつてよく面倒を見ていた軟式野球部の後輩たちから文化祭に招待された。お化け屋敷を開催するのだという。保守的な古株の教師が定年退職や転勤で全員いなくなったことから、すんなり許可が下りたらしい。

Y毅さんは懐かしさとうれしさに胸を躍らせながら、母校へ向かった。同期で卒業した男友達も一緒に行くことになった。母校に着いた二人は受付を済ませると、お化け屋敷が催されている教室の戸を開けて中に入った。だが、次の瞬間、友達が唐突に、

「ああっ……」

驚いた声を発して、その場に尻餅をついてしまった。

「おい、どうした？」

「膝が！　膝が、急に……」

友達はうろたえていた。立ち上がろうとしたが、なかなか立てない。膝がまっすぐに伸び切って硬直してしまい、曲げることができないのだという。何度も立ち上がろうと試みたが、どうしても叶わなかった。

「な、何だよ、これ？　まずいんじゃないか、医者に診てもらわないと……」

Y穀さんも戸惑っていたところへ――。

突然、火災報知機のベルが鳴り響き始めた。

そのけたたましい大音響に、飛び上がらんばかりに驚いたY穀さんは、友達に肩を貸してどうにか立ち上がらせると、抱えるようにして一緒に廊下へ逃げ出した。教室にいた来場客のみならず、幽霊や妖怪に扮した後輩たちも慌てて廊下に飛び出してくる。呆気に取られたY穀さんと友達は、廊下に座り込んでしまった。

後輩たちが様子を見に走り、火災報知器を鳴らしたのが誰なのかはわからなかったが、校内で火災は発生していないことが判明して、ようやく騒ぎは治まった。

ところが、その頃になって、隣の教室を使っていた他の部活動の生徒が、父兄と思われる大人の客を見送りがてら教室から出てきた。どちらも呑気そうに笑っている。

Y毅さんが意外に思って声をかけると、その二人は怪訝な顔をした。

「火災報知器？　いいえ、そんな音、聞いていませんよ」

あれだけ大きな音が隣室ではまったく聞こえていなかったというのである。隣室に特別な防音設備があるわけではないので、Y毅さんと友達は再び呆気に取られた。

ただし、まもなく友達の足は何事もなかったかのように快復して、自力で歩けるようになった。前にもあとにも経験がないことで、原因は友達自身にもわからなかったそうだ。

なお、のちに後輩たちから知らされたのだが、火災報知器の音を聞いていたのは、お化け屋敷の教室にいた人々だけで、他の教室や廊下などにいた人々は誰も聞いていなかったらしい、とのことである。

ゲバラ

三十代の女性Iさんは、群馬県内のスイミングスクールで子供たちに水泳を教えている。そこのプールでは、コーチが指導中に手足を怪我することや、プールサイドで子供が転んで怪我をすることが頻繁に起きていた。そんな矢先、赤帽子（最下級クラス）の六歳の幼女がプールサイドに腰掛け、両足を水中に下ろした状態で、Iさんにこう告げた。

「先生、男の人が台の下に入ってったよ！」

幼児が多い下級クラスの練習コースには、足が届くようにプールの底に大きな台が設置されている。厚さが三十センチほどあり、大人でも簡単には動かせない重量があった。人が下に入れるわけがない、と思いながらもIさんは水底の台に目をやった。もちろん、異状は見当たらない。

「そんなことないよ。誰もいないよ」

Iさんは微笑みかけたが、幼女が「あっ！」と声を上げた。

「どうしたの？」

「今、誰かがあたしの足を引っ張ったの！」

Ｉさんは水中にある幼女の足元を見たが、誰もいなかった。

翌日、彼女は仕事が休みであった。

そして代わりに指導に当たっていた女性コーチが左足の小指に怪我をした。そのコーチは水中を歩いて移動していたとき、何者かに足首を掴まれた感触があって、前のめりになった。転びはしなかったが、小指の先を水底の台に強くぶつけて、爪がべろりと剥がれてしまったのだ。水中には誰もいなかったという。

また何日か経って、Ｉさんは黄色帽子（バタ足中心）のクラスを担当することになった。子供たちをプールサイドに座らせて足の使い方を教えていたとき、その一人がゴーグルを水中に落としてしまった。Ｉさんはそれを拾ってやろうと、自分のゴーグルをつけて潜った。子供のゴーグルを拾い、水中で上を向いたとき――。

子供たちの足に混ざって、大人の足が二本、水中にぶら下がっているのを目撃した。子供たちの足は細く短いものだが、その足は明らかに太く長くて、真っ黒な脛毛《すねげ》に覆われている。男の足に違いない。それは膝から下しか見えず、動いていなかった。

Ｉさんは急いで浮上した。しかし、水上には子供たちが座っているばかりである。

（何よ、今の足は⁉）

と、そのとき――。

彼女はいきなり物凄い力で右足を引っ張られた。全身を水中に引き込まれ、右膝を水底の台に打ちつけてしまう。それと同時に台の中から、見知らぬ男の胸までが突き出しているのをIさんは認めた。その両手が彼女の右膝を掴んでいる。

男は口の周りから顎にかけて髭を蓄えており、歯を見せて笑っていた。服を着ておらず、腕や胸は毛深くて、長い黒髪が海草のように揺れている。年の頃は三十代後半か、中南米の革命家チェ・ゲバラに似た、彫りの深いエキゾチックな顔立ちをしていた。

Iさんは慌てて立ち上がろうとしたが、手足が重い石になったかのように動かなかった。その上、急激に息苦しくなってきたという。

（いけない！　酸欠になる！）

子供の頃から水泳が得意だった彼女は、過去に溺れかけたことなど一度もなかった。これが生まれて初めて味わう水の恐怖だったといえる。

だが、じきに彼女は今いる場所が日頃使い慣れたプールであり、水深は浅く、立つことさえできれば助かるはずだと考えた。

（落ち着くんだ！）

自らに言い聞かせ、目の前にいる男とは視線を合わせないようにして、

（手足よ、動け。動け。動け。動け）

何度も念じるうちに、彼女の右膝を掴んだ男の手の力が緩んできた気がした。そこでIさんは一気に立ち上がって、水上へ顔を出し、呼吸をすることができた。

再び水中を覗き込むと、男の姿は消えていたが、打ちつけた右膝がやけに痛む。プールから上がったところ、皮膚が裂けて血が迸《ほとばし》っていることに気づいた。

応急処置を施して病院へ行くと、膝の半月板を損傷する大怪我をしていたことがわかった。そこまで強い衝撃を受けたとは思っていなかったので、Iさんは憮然とした。全治までに三週間以上を要したそうである。

負傷者が相次いだことから、このスイミングスクールでは経営者が神社に頼んで御祓いを受けた。Iさんはあの男がスクールと何か因縁があるのか、気になったが、周囲に訊ねても確かなことはわからなかった。その代わり、ここでは過去にも同じような事故が頻発したことがあり、一度御祓いを受けていたことが明らかになった。

二度目の御祓いが効いたのか、それからIさんはあの男と遭遇せずに済んでいるが、

（前にも御祓いをしたのなら、またいつか出てくるかもしれない）

と、今でも不安に思うことがあるという。

お迎え

七十歳の男性Mさんは重い病に罹って、病院に入院したが、末期状態でモルヒネの投与を受け始め、身動きもままならなくなっていた。その病院は山の中腹にあって、晴れた日の朝夕は空が実に美しく映える。家族はMさんを少しでも励まそうと、空の写真をスマートフォンのカメラで撮っては、よく見せていた。

その夕方も娘が窓から空の撮影をしていると、それまで黙っていたMさんが、

「……あんな、もんに……」

と、聞き取り難い掠れ声を発した。

娘が振り返ると、Mさんがこちらを見上げていた。けれども、その視線は遠くへ向けられている。窓の向こうの空を見ているようであった。

「どうしたの、お父さん？」

娘が優しく声をかけると、

「あんなもん、に……迎えに、来《き》られるのは、嫌だ……」

Mさんは窓の向こうを指差した。その手が震えている。皺だらけで萎びた彼の顔は強張っ

ており、唇も戦慄《わなな》いていた。何かを見て怯えているようだ。

娘はすぐに窓の外を凝視したが、美しい夕焼け空が広がっているだけである。

(モルヒネのせいで幻覚が見えるようになったのかな……?)

娘はMさんを励まそうと思った。

「何もいないわよ、ほら」

撮ったばかりの空の画像を見せてあげようと、スマートフォンの再生画面を開いた。その瞬間、彼女は声を呑まずにはいられなかった。

白い和服を着た女が空中に浮かんで、画面一杯に写っていたのである。骨と皮のみのように痩せた胴体は横を向いていたが、顔はこちらに向けられていた。髪が逆立ち、頬のこけた真っ青な顔は眉毛と鼻が失われている。黒一色の丸い目が病室を覗き込んでいた。

娘は驚愕しつつ、再び窓の外を見つめた。だが、そこには大空が広がっているばかりだ。もちろん、撮影したときもこの女の姿は見えなかった。娘は慌てて画像を消去した。

「嫌だ……。嫌だ……」

画像を見せていないにも拘らず、Mさんはすっかり取り乱している。

しかし、それも一時のことで、じきに彼はモルヒネの効果で昏睡状態に陥った。それから数日後、Mさんは苦悶の表情を浮かべながら亡くなったそうである。

藤岡の怪電話

高崎市在住のN子さんは昔、南隣の藤岡市にある宅配ピザ店で配達のアルバイトをしていた。その日、彼女は初めて注文があった家にバイクで向かったが、道が地図とは違っていて迷ってしまった。必ず三十分以内に届ける決まりがあり、こんなときは「すぐに配達先へ電話をかけて道を確認すること」と教えられていた。

当時はまだ携帯電話が普及していなかったので、電話ボックスまで移動する。腰に提げたポーチに小銭と注文相手の連絡先を記した伝票が入っていた。N子さんは受話器を手に取り、電話機に十円玉を数枚投入した。そして受話器を顎と肩の間に挟んで、伝票を取り出そうとしていると——。

受話器から呼び出し音が鳴り始めた。まだ電話番号を押していないので、本来なら鳴るはずがないのに鳴っている。不思議に思っていると、電話に出た者がいた。

「N子さん？　N子ですよね！」

相手は中年の男の声で、はっきりと彼女の名前を口にした。気味が悪いので一旦電話を切ったが、あとから思うと母方の伯父の声とよく似ていたという。

N子さんが配達先の番号に電話をかけると、今度は注文した女性が出た。他に変わったことは何も起こらなかったのだが……。

半年後。

同じ藤岡市内でも別の町へ配達に行ったときに、なかなか見つからない家があったので、近くの電話ボックスに入ったところ、まったく同じ現象が発生した。

「N子さん？　N子ですよね！」

男の声はやはり母方の伯父の声とそっくりであった。

「あの……あなたは？　誰ですか？」

N子さんは、今度は勇気を出して訊き返してみた。だが、相手は答えず、「N子さん？N子ですよね！」と同じ言葉を繰り返す。気味が悪いのと、早く配達先に電話をかけなければならないこともあって、そこで一度電話を切った。

ふと、何者かに尾行されているのではないかと、心配になって辺りを見回したが、近くに他の電話ボックスはなかったし、彼女を見張っているような人物も見当たらない。それに彼女はずっと高崎市に住んでいるので、藤岡市には職場の関係者を除けば顔見知りも少なかった。

後日、N子さんは母方の伯父に会ったときにこの話をしてみたが、

「そらあ、俺じゃないよ。俺は〈Nちゃん〉と呼ぶし、大体、そんな改まった話し方はしないじゃないか」

伯父は目を丸くして驚いていたという。

＊

これも藤岡市で起きたことだが、最近の話である。若い男性M男さんは両親や祖母と同居しているが、その日は両親が遠方に住む親戚の結婚式に泊まりで出かけて留守にしていた。M男さんの部屋は二階にあり、夜になると友達が泊まる予定で遊びに来た。午前二時過ぎ、そろそろ寝ようかと話していると、それまで点けてあったテレビが急に消えた。

「あれ？　おまえ、テレビ消したのか？」

「いや、消さねえよ」

「じゃあ、何で消えたんだよ？」

二人が顔を見合わせたところへ、M男さんのスマートフォンの呼び出し音が鳴った。ディスプレイに〈自宅〉の文字と電話番号が表示されている。

「何だ？　何で家にいるのに、家からかかってくるんだよ？」

怪訝に思いながら出てみると、相手は何も言わない。もしもし、と声をかけてみたが、依然として黙っているので電話を切った。不審に思って一階へ下りてみたところ、固定電話機の周りには誰もいなかった。しかし、コードレスの受話器が外れて床に転がっている。つい先程まで誰かが電話をかけていたとしか思えない状況であった。

そもそも両親が留守なので、今この家には彼らの他に祖母しかいない。M男さんは祖母の部屋に近づき、襖越しに「お祖母ちゃん」と声をかけたが、返事はなかった。

「ちょっと開けるよ」

襖を開けてみると、祖母は床に就いて寝息を立てている。玄関のドアや窓にもすべて鍵が掛かっていて、外部の人間が侵入した形跡はなかった。

ただそれだけの話である。だが、M男さんたちは気になって、その夜は眠れなかった。

真夜中に死女が手招く……

群馬県北部の沼田市に存在する薗原湖《そのはらこ》は、昔からよく知られた心霊スポットである。利根川の支流、片品川に造られたこのダム湖には、私も二度訪れたことがあるが、まったく何も起こらなかった。だが群馬県内で取材をしていると、さまざまな体験談を耳にする。

よく怪異と遭遇しているO崎さんは、過去に一度だけ仲間と夜中に訪れたことがあり、誰もいない湖畔で赤ん坊の泣き声を聞いたそうだ。

それは車でダム湖沿いを移動する間、ずっと聞こえていた。車窓を開けても閉めても変わらず、四方八方から聞こえてくるのだが、大勢の赤ん坊が泣いている、というよりも、声と泣き方が同じで、一人があちこちへ移動しながら泣いているように感じられた。ダム湖から離れると、泣き声はただちにやんだという。

「夜中の薗原湖には、二度と行きたくないですよ」

と、O崎さんは語っている。

＊

二十代の女性Ｋ原さんは栃木県日光市出身で、現在は高崎市に住んでいる。

数年前のこと、故郷に住む友達の女性Ｒが首吊り自殺を遂げた。その命日が近づき、親族ではないので一周忌には招かれていないが、友達同士で〈Ｒを偲《しの》ぶ会〉を行うことになった。そこでＫ原さんは会の前日に車で日光へ帰省することにした。

仕事が終わってから高崎市を出発する。既に日が暮れていた。高速道路は利用せずに前橋市へ出て、国道五十号で桐生市へ向かい、そこから国道一二二号で栃木県に入るつもりであった。彼女は群馬県内の道路には詳しくないが、車にカーナビゲーションシステムがついているので心配ないだろうと考えていた。ところが、カーナビが指示した方角に走ってゆくと、いつまで経っても記憶にある日光市へのコースに出ることができなかった。

（変ねえ……。ちゃんと行き先を〈日光〉で入力しているのに……）

どうやらカーナビは国道十七号を北上し、沼田市で国道一二〇号に入り、利根郡片品村から金精峠《こんせいとうげ》を越えて日光市へ抜けるコースを示していたようである。車は坂道を上り続けた。山奥へ向かっていることは彼女にもわかる。夜が更けたこともあり、擦れ違う車も少なくなってきた。どこを走っているのかわからず困っていると、道路標識が立っていた。〈薗原湖→〉と表記されている。

カーナビはまさにその〈薗原湖〉へ向かえ、と指示していた。群馬県の地理に不案内なK原さんは、誤作動かな、と思いながらも、少し進んでみて駄目なら引き返そう、と指示通りに右折してしばらく走り、さらに左折して細い道に車を進めると、支塔と手摺りがオレンジ色をした吊り橋が見えてきた。ダム湖の畔に出たのだ。ヘッドライトに照らし出された吊り橋の前に車を停めた彼女は、どうしたわけか、頭の中がぼんやりとしてしまい、（どんな場所なのか見てみたい）（今飛び込んだら、誰にも発見されず、確実に死ぬだろうな）（あたしも死んだら、またRと会えるのかも……）

などと考え始めた。外灯がなくて真っ暗だったが、なぜか怖い気はしなかったので、車から降りる。ふらふらと橋の中央付近まで歩いてゆくと、闇に覆われてどこまでが夜陰でどこからが湖水なのか、定かでない湖上に、白い煙のようなものが浮かんでいた。それだけは光っていて、はっきりと見える。揺れ動いていた。靄《もや》かと思ったが、もっと濃厚で厚みがあるようだ。

何だろう？　K原さんが目を凝らすと、それは人間らしき形になってきた。髪の長い女のようだが、顔立ちまではわからない。片手を上げてゆっくり手招きをしていた。

（あたしを呼んでる？）

K原さんは無性に女の近くへ行きたくなってきた。吊り橋の手摺りに両手を掛ける。身体を持ち上げて手摺りを跨ごうとしたが、

(あっ、いけない！　何を考えてるんだろう！)

思いとどまり、慌てて手摺りから離れた。湖面にはまだ女の姿があって、水に沈むことなく佇んでいる。その姿はだいぶはっきりしてきて、青い衣服を着ていることまで識別できたが、相変わらず顔はぼやけていた。

K原さんは勃然と、恐怖が込み上げてくるのを実感したという。

(あたしを引き込もうとしていたんだ……)

身震いしながら車へ逃げ込む。彼女には優しい彼氏がいるし、今の仕事や暮らしにも不満はない。なぜわずかな時間とはいえ、自殺を考えたのか、自分でも理解できなかった。すぐさま車をUターンさせ、来た道を引き返す。一刻も早くこのダム湖から離れたかった。

カーナビの電源を切り、国道一二〇号まで引き返す。外灯の近くで一旦車を停め、スマートフォンで地図を見ながら日光市を目指すことにした。このコースはかなり標高が高い場所を走ることになるし、急カーブも多い。運転には気を遣い、速度をあまり出さないようにしたので、日光市の実家に到着したときには日付が変わっていた。

予定通り〈Rを偲ぶ会〉に出席して旧友と再会したものの、昨夜のこともあってK原さんの心は晴れなかった。その夜も実家に泊まって翌朝、高崎市へと出発したが、カーナビを使ってみると、今度はコースをまちがいなく表示した。一昨日の誤作動の原因はわからなかった。職場で薗原湖へ行ってしまったことを話すと、同僚が眉を顰《ひそ》めた。

「あそこは〈出る〉ので有名な場所なのよ」

それを知らなかったK原さんは口を開けたまま、しばし何も言えなかった。

ちなみに、Rが自殺したのは栃木県内にある自宅であり、薗原湖とはまったく関係がない。しかし、K原さんは何やら繋がりがあるようにも思えて、気味が悪かったという。

＊

高崎市出身の女性S子さんには弟がいて、姉弟そろって稲川淳二さんのファンである。昔、二人が二十代でどちらも実家に住んでいた頃の話だ。当時はＤＶＤやネット配信、動画共有サービスなどがまだなかった時代なので、S子さんはレンタルショップで稲川さんが怪談を語っているＣＤを借りてくると、自ら編集して新品のカセットテープに録音した。車で遠出した日に一度聴いただけだが、殊更《ことさら》怖い話が多かったという。

夏の週末。夜遅くに仕事から帰ってきたS子さんが自室でゲームをしていると、弟がやってきた。

「ねえ、姉貴。淳二さんのテープ、貸してよ」

「いいよ。……でも、こんな夜中から部屋で聴くん？」

「ダムへ行くんだ。それで、車の中で聴きたいんだ」

「えっ。今から？」

「急にダムへ行きたくなっちゃってさぁ」

「ダムって、どこの？」

「薗原」

「あそこに淳二さんを聴きながら行くの？　危ないからよしないね」

「気をつけて行くから大丈夫だよ」

「大丈夫だとしても、あんな所へ一人で行ったたって、楽しいことは何もないよ」

「いや、どうしても行きたいんだよ。だから行ってくらあ」

弟は幾ら止めても聞かず、一人で出かけていった。

（しょうがないねえ。だけど、もう子供じゃないんだから……）

S子さんは気にするまいと思ったが、やはり心配になって眠れなかった。そこで朝までゲームをして過ごした。夏なので夜明けは早く訪れる。弟は辺りがすっかり明るくなってから帰宅した。

「姉貴、起きてる？」

「うん」

S子さんの部屋に入ってきた弟はつまらなかったのか、覇気のない顔つきをしていた。

「ごめん。姉貴の言う通りだった……」

「そうだろう。早くお風呂に入って寝なよ」

「ごめん。本当にごめん」

「何が？」

「ごめん。姉貴のテープ、壊しちゃったんだよ」


弟が語った話によると、彼はテープの怪談を聴きながら、午前二時過ぎに薗原ダムに到着した。車で通れる場所を回り、それから最も〈出る〉といわれるオレンジ色の吊り橋へ向かった。車から降りて歩いて渡ろうとすると――。

橋の真ん中辺りまで来たとき、真っ暗な湖上に佇む女らしきものが見えた。白い服を着て、こちらを見上げている。そこは人間が立てる場所ではない。

（あっ、いたな！）

弟は全力疾走で車まで引き返した。女がついてくるような気がして、無我夢中で車を走らせる。怪談語りのテープはそのまま回し続けていた。止めるのも忘れていたほどで、内容はまったく頭に入ってこなかった。やがて不意に音声がおかしくなり、聴こえなくなってしまった。帰宅してから異状が起きていたことを思い出して取り出そうとしたが、出てこない。テープはデッキの中で引っ掛かり、ぐちゃぐちゃになっていた。もはやどうにもならない状態で、デッキも工場で修理しなければ使えなくなってしまった。

しかし、テープは高品質の製品を使い、一回しか聴いていなかったし、弟の車も新車を買って一年と経っていなかったので、まさかの故障にS子さんも驚いたそうである。

真夜中に死女が手招くダム湖かな

夏の廃屋

群馬県東部の桐生市には群馬大学のキャンパスがあり、日本全国から集まった大学生たちが暮らしている。香川県出身の男性Xさんも卒業生の一人である。今から三十年ほど前、彼は大学近くのアパートに住んで通学していた。当時の学生用アパートはエアコンがないのが当たり前で、夏場は蒸し暑くて眠れない夜が続く。学友たちも同様で、毎晩外で夕涼みをしながら話し込むのが日課になっていた。ある晩、男子学生Aがこんな提案をした。

「山奥に、旅館が潰れて廃屋になったのがあるんだよ。今から探検に行ってみないか」

こうしてXさんとA、他にBとCが、桐生市梅田町の山奥まで行くことになった。車を持っているのはXさんだけなので、彼が愛車を運転する。途中から民家は一軒もなくなり、道は未舗装になった。渓流に沿って、車一台通るのがやっとの隘路《あいろ》が延々と続いている。

「ほんとに、こんな所に旅館があったのかい？」

Xさんは不安になったが、Aの案内で前進を続けると、渓流沿いに平坦な土地が見えてきた。池の跡らしき窪みや駐車場の跡と思しき広場もある。車から降りて懐中電灯を向けると、竹林に囲まれた立派な日本家屋が見えた。猟師や釣り人が泊まる宿だったらしい。

せっかく来たんだ、入ってみようぜ、ということになったが、廃屋とはいえ、勝手に入り込めば不法侵入になるので、Xさんは気が進まなかった。だが、腰抜けと思われるのは不本意である。やむを得ず、皆と一緒に扉が壊された入口から廃屋に入った。床はかなり朽ちていて、気をつけて歩かないと踏み抜く恐れがあった。

「おうい、こっちに日記があるぞ！」

Cの声が聞こえる。Xさんたちが行ってみると、食堂と思しき板張りの広間があり、その隅に机があって、Cが手紙をまとめたような紙の束に灯りを当てていた。

『十一月十日、息子に仕送りをした。あの子、いつ帰ってくるのやら』

『十二月三十一日、息子は今日も帰ってこない』

紙は汚れていたが、綺麗な文字がインクで綴られている。それをXさんが読み終える前に、横にいたBがやにわに立ち上がってガラスが割られた窓に近づき、外に灯りを向けた。

「どうした？　何か見えるのか？」

Xさんが声をかけてもBは真剣な面持ちで、すぐには返事をしなかった。何事かと、Xさんも窓に近づき、灯りを外に向けてみると、そこは宿の裏手で小さな沢が流れている。真っ暗で不気味なだけで、何も変わったものは見えなかったのだが……。

「帰ろ……」

Ｂの声は緊張していた。

「何だよ、急に？」

「まだ探検は始まったばかりじゃないか」

「いや、駄目だ。帰ろう！　ここ、やばいよ！」

Ｂの表情が強張っている。ただごとではなさそうだ。元々乗り気でなかったＸさんばかりか、ＡとＣも押し切られる形で引き揚げてきた。

帰路の車内でＢに話を聞いてみると――。

先程彼は誰かに見られているような気がして、窓のほうに目をやった。外に誰かがいるらしい。窓に近づいて沢に灯りを向けると、水の中に白髪頭の老婆が立っていた。灯りも持たず、びしょ濡れの和服姿で、真っ青な顔をしてこちらを見つめていたという。

「そんな婆さん、俺には見えなかったけど……」

Ｘさんは苦笑した。内心では気味が悪かったそうだ。

「Ｂには見えて、Ｘには見えなかった、ってことか」

「それって、幽霊ってことじゃないのか！」

ＡとＣは盛り上がっていたが、Ｂは浮かない表情をして黙り込んでしまった。

それから一週間が経った。小雨が降る蒸し暑い夜である。Aがまた皆を誘ってきた。

「今夜も寝られそうにねえな。もういっぺん、廃屋へ涼みに行こうぜ」

Bは首を横に振った。彼はあの夜から風邪を引いて、体調があまり良くないのである。

「俺、もう行かない」

Xさんも一度は断ったのだが、

「Xは来てくれよ。車を持ってるのがおまえしかいないんだから。運転が嫌なら、俺が代わりにしてもいいから。頼むよ」

Aにしつこく頼まれて断り切れず、同行する羽目になった。結局、XさんとA、C、それから新しく加わったDとEの男ばかり五人で行くことになった。今度はAが運転し、Xさんが助手席、後部座席に他の三人が乗って出発した。廃屋へ向かう細い山道を登ってゆくと、旅館があった頃の名残なのか、人家がないのに外灯が数多く立ち並んでいた。車にエアコンがついておらず、小雨が入らない程度に窓を開けて走っていたので、蛙の声が喧《かまびす》しく聞こえてくる。Xさんが山道を見ていると、蛙が次々に車の前に飛び出してきた。

「うわ、困ったな。蛙、轢いちゃってるよ」

Aが苦笑しながらも車を進めると、道の上を跳ねる蛙の数が増えてきた。アマガエルが多いが、シュレーゲルアオガエルやヤマアカガエル、アズマヒキガエルもいる。鳴き声も大音響になってくる。やがて道全体がカエルの大群で覆われたようになってきた。その光景を見たXさんは我慢ができなくなった。

「ストップ！　もう帰ろう！　無駄な殺生はしたくない！」

Aは一度車を停めた。そして皆に「どうする？」と訊いた。

後部座席の三人は、

「いいじゃねえか、たかが蛙だろ」

「ここまで来て帰れるかよ」

「前進あるのみ！」

道路の様子がよく見えていなかったらしく、先へ進みたがった。

「そうだよな。行くか」

Aは車を発進させようとしたが、そこで動きが止まった。

「見ろ！　外灯が……」

車を停めていた位置から前に立っていた外灯が、一本ずつ道の奥のほうへ向かって順番に消えてゆく。前方に並んでいた外灯はすべて消えてしまい、ヘッドライトの光が届かない場所は真っ暗になった。ただ後方を振り返ると、外灯は点灯している。Xさんはまるで、

「ここから先には来るな」

と、言われた気がした。

外灯なしでは崖から転落しかねない隘路である。Aも諦めて車を後退させ始めた。道が少し広くなった場所まで後退すると、方向転換してアパートへ引き返すことにした。にぎやかだったAも、後部座席の三人も、帰路はすっかりおとなしくなってしまった。

それ以来、廃屋へ行きたがる者はいなくなったという。

あおー、あ！

群馬県中部の榛名湖《はるなこ》は標高一一〇〇メートル付近にあるカルデラ湖で、とくに榛名富士を背景にした景観はいつ見ても美しい。釣りや避暑などで一年中にぎわう観光地だが、かつてスワンボートが転覆して死者が出たことがあり、その霊が出るという噂がある。また、高原学校や林間学校の施設があって、小中学校の児童生徒が大勢宿泊することから、さまざまな噂が伝わっている。しかし、それらの多くは体験者不在の都市伝説ならぬ〈観光地伝説〉と思われる。ただ、この話は明らかに異なるので取り上げてみたい。

三十代の女性、Hさんは昔、友達三人と榛名湖へドライブに出かけた。車は友達である男性が運転していた。湖畔に車を駐めて水際まで降りてみる。夏の夕方のことで、まだ明るさは残っていたが、他に人気はなかった。ところが、友達の一人が、

「あれは……!?」

と、湖上を指差したので、Hさんがそちらを見ると、五十メートルほど沖合に白い着物を着た背の高い男の姿があった。水に沈むことなく、湖面の上に立っているのである。

皆が驚きつつ見ていると、男は大変な速さでこちらに走ってきた。水飛沫が上がる。Hさんたちは身の危険を感じて、一斉に逃げ出した。全員が車へ駆け込み、友達の男性がエンジンを掛けようとしたが、なかなか掛からない。

「どうしたのっ⁉」

助手席に座ったHさんが運転席のほうを見ると、そこには友達の男性ではなく、先程の白い着物を着た男が座っていた。長細い顔は血色が悪く、目を閉じている。着物は胸元がはだけていた。しかも気が狂ったように頭を前後に振って、蓬髪《ほうはつ》を乱しながら、

「あおー、あ！　あおー、あ！　あおー、あ！　あおー、あ！　あおー、あ！」

と、奇声を発し始めたのである。

Hさんは堪らず悲鳴を上げていた。後部座席に座った二人の友達も悲鳴を上げる。その刹那、男の姿が消えて、友達の男性の姿が浮かび上がってきた。ようやくエンジンが掛かって車が動き出す。

ああ、良かった——Hさんは安堵の溜め息を吐きかけた。

だが、その溜め息を呑むことになる。

すぐにまた、白い着物姿の男が現れたのだ。

「あおー、あ！　あおー、あ！　あおー、あ！」

三度叫んだところで男の姿が消え、友達の男性の姿が現れる。両者の姿が、交互に現れたり消えたりすることを繰り返していた。

それでも、車が湖畔から離れるにつれ、白い着物を纏《まと》った男の姿は薄い影となってゆき、しばらくの間、友達の男性の姿と重なって見えていたが、やがて消滅した。

Hさんと後部座席にいた二人の友達は同じ現象を目撃して怯えていたが、その男性だけは何も見えていなかったそうで、きょとんとしていた。


それから数年後、Hさんがこの話を別の知人たちの前で語ると、初めて会った男性が、

「その話、俺も同じ体験をしたことがありますよ!」

目を剥いて、本当に驚いた表情をしていたという。

Hさんが榛名湖へ行ったときの友達とは、まったく繋がりがない相手だったので、彼女はあのできごとが耳目の錯覚ではなかったことを確信したそうである。

榛名山《はるなさん》の鎖場

榛名山は標高一五〇〇メートルに満たない低い山地だが、高崎市、東吾妻町、渋川市、吉岡町、榛東村《しんとうむら》に跨り、関東平野の北西の果てに聳《そそ》り立っている。一時はパワースポットとして絶大な人気があった榛名神社をはじめ、榛名湖、伊香保温泉、水澤観音などの観光地を有することから訪れる人が多く、群馬県を代表する〈上毛三山《じょうもうさんざん》〉の一つとされている。だが、正確には榛名山という名の山は存在しない。この山地にはそれぞれ名がついた峰が多数あり、〈榛名山〉とは峰の総称、いわば渾名なのである。これは〈上毛三山〉と呼ばれる赤城山《あかぎやま》や妙義山《みょうぎさん》についても同じことがいえる。

さて、榛名山には榛名富士、掃部ケ岳《かもんがたけ》、烏帽子岳《えぼしだけ》などの峰があるが、S山もその一つだ。かつてこの峰には幾つかの登山道が通じていた。しかし、鎖場が三ケ所ある東尾根コースでは滑落事故による死者を出したことから立ち入り禁止となり、現在は西尾根コースのみが登山道となっている。

五十代の女性A川さんは登山が好きで、西尾根コースからは何度かS山の頂上まで登っており、次第にそれだけでは飽き足らず、東尾根コースからも登ってみたくなったという。実は登山仲間から、このコースは死者が出たので立ち入り禁止になっているが、登るにはさほど難しくない、との情報を得ていたからである。

初夏の朝、A川さんは最寄りの無料駐車場に車を駐めると、しばらく谷を抜ける道を進んだ。その先に、藪に埋もれかけた東尾根コースが続いている。彼女は立ち入り禁止の案内板を無視して足を踏み入れた。平日のことで、単独行である。空は青く晴れ渡っていた。ここ一週間でも最良の天気に思えたそうだ。

廃れた登山道は何度も藪漕ぎをすることになったが、他にも通った者がいるらしく踏み跡があり、迷うことはなかった。

(何とか頂上まで行けそうね)

ところが、急に空が曇ってきた。上空に黒い雲が次々に集まってくる。第一の鎖場を無事に越えたが、黒雲の動きは速かった。第二の鎖場へと急ぐ。その岩場はほぼ絶壁といってよいが、足場が掘られていた。そこまで来たとき、空が黄昏のように薄暗くなって、雨が落ちてきた。遠くから雷鳴も聞こえてくる。まずいことになってきた、と思いながらも鎖に掴まり登ってゆくと、急に右足が動かなくなった。首を曲げて足元を見れば――。

「何よ、これっ⁉」

足場に巨大な髑髏がいた。口を開けてA川さんの右足の甲に噛みついている。その大きさは平均的な日本人男性の頭部の三倍はあるように見え、上下の顎には頑丈そうな歯が並んでいた。

A川さんは驚いて右足を引き抜こうとしたが、髑髏の歯が登山靴にトラバサミのごとく食い込んでいて、抜けなかった。絶壁にぶら下がった不安定な体勢のまま、身動きが取れなくなってしまう。

A川さんは左足の爪先で髑髏を蹴った。二度、三度と蹴ったが、髑髏は噛みついたまま離れない。雨の降りが強くなってきた。辺りが真っ白に光ったかと思うと、間近で雷鳴が響き渡る。A川さんは仰天して鎖から手を放しそうになった。

慌てて鎖を握り直す。早くここから逃げなければ、いずれは体力が尽きて滑落するか、落雷に遭って感電死することだろう。

髑髏ごと岩場から引き抜いてやろうかと、右足に力を込めてみた。しかし抜けない。髑髏の後頭部は岩に根を張ったかのように固定されている。足の甲が痛くなってきた。

A川さんは必死に左足で髑髏を蹴り続けた。蹴って、蹴って、蹴って……あるいは足の裏で踏みつける。無我夢中で攻撃を繰り返すうちに、やっと髑髏が口をわずかに開けたので、右足を引き抜くことができた。

だが、少し登ると頭上の岩に、別の髑髏がくっついていることに気づいた。絶壁を仰げば、一面に髑髏が累々と並んでいる。どれも黒い眼窩で彼女を見下ろしながら、待ち構えているようであった。

（また噛みつかれたら大変だ！）

A川さんが登るのを躊躇していると、再び稲妻が閃き、雷鳴が轟いた。耳が潰されそうな大音響に驚いた彼女は、滑落しそうになった。山頂まではあと少しのはずだが、登山仲間から聞いた話によれば、この上に第三の鎖場があり、岩や木の根に掴まりながら登る急斜面も続いているという。そこにも髑髏が群れているのかもしれない。

（駄目だ……。もうこれ以上は登れない）

A川さんは諦めて下山を選んだ。足に噛みついてきた髑髏は怖いが、ここを下りる以外に道はない。髑髏がいる足場を踏まないようにして、何とか絶壁から下りることに成功した。振り返ると、雨に遮られて視界が悪いせいか、絶壁に並んでいたはずの髑髏は一つも見えなくなっていた。

A川さんは雨合羽の上着だけを身に纏った。ズボンを穿くには登山靴を脱がなければならないので、濡れるのを覚悟して下山する。気温が急激に低下していて、寒さと恐怖に震えながら、第一の鎖場も通過した。雨によって何度も足が滑りかけたり、

（またどこかで髑髏が襲ってきたら、どうしよう）

と、不安に思ったりしたが、幸い、髑髏と遭遇することはなかった。

辺りは一層暗くなり、さらなる豪雨が襲ってきた。雷も激しくなってくる。視界が極めて悪く、落雷に遭うか道に迷う危険があった。とはいえ、雷雨を凌げる場所はない。一刻も早く車へ戻る以外に生きて帰れる道はなかった。

けれども……。

懸命に下山を続けるうちに雷鳴が遠のいてゆき、雨も弱まってきた。

やがて雷はやみ、雨もやんで、大空を覆っていた黒雲が散ってゆく。

駐車場に止めてある車へ戻ってきたときには、青空が広がり始めていた。早朝から出てきたので時間には余裕があったが、身体の震えが止まらず、どこにも立ち寄ることなく帰宅した。

A川さんは、天候の急変からしてただの偶然とは思えず、二度と東尾根コースからS山には登るまい、と猛省したそうである。

黄色のレインコート

　群馬県西南部に位置する甘楽郡下仁田町は、稲作に向かない山村だが、水はけの良い、南向きの傾斜地が多いことから、下仁田ネギとコンニャク芋の栽培が盛んである。下仁田ネギは一般的なネギよりも太く短く、辛くて生食《せいしょく》には適さないが、火を通すと甘みが出て柔らかくなり、とても美味しい。また、下仁田町をはじめとする群馬県産のコンニャク芋は、全国における生産量の九十パーセント以上を占め、ぶっちぎりの第一位である。

　さて、この町には東隣の甘楽町との間に、古来から養蚕や五穀の神を祀る山として信仰されてきた稲含山《いなふくみやま》がある。

　下仁田町在住で六十代の女性S村さんは、その山へ婦人会の仲間たちと登山に行った。婦人会は中高年の女性が中心で、山村に住んでいるとはいえ、普段は登山をしない人も多い。S村さんもその一人であった。険しい場所もある山なので、一行は頻繁に休みながら時間をかけて山頂を目指していた。

　S村さんは休憩する度に、視界の隅のほうに黄色いものが現れることに気づいた。それは登山道から外れた森の中で動いていて、S村さんがそちらを見ると消えてしまう。初めは目の錯覚かと思っていたが、何度も同じことが起こるので気になってきた。

「あの黄色いのは何かねえ？　さっきから、ちらちら見えたり消えたりしてるんだけど」

と、仲間たちに訊いてみたが、誰もが首を傾げる。

「そんなの、どこにも見えないよ」

S村さんは不思議に思い始めた。

やがて登山を再開した一行は鎖場に到達した。鎖を頼りに斜面を登ると、右手に金属製の柵が見えてくる。それが一旦途切れた場所の左手に地蔵が鎮座していた。その先にまた柵が続いているのだが、S村さんは柵の向こうの斜面に小学校低学年くらいの少女が立っているのを認めた。無表情で、晴れた日だというのに、黄色のレインコートを着ている。

(あれ？　何であんな所に小さな子がいるのかね？　しかも一人で、危ないじゃないの)

心配しながら近づこうとすると、あと数メートルのところで少女の姿は消えてしまった。

「……ねえ、今の、見た？」

「何が？」

やはり仲間たちには少女の姿が見えていなかった。

ところで、稲含山には山頂の少し手前に稲含神社がある。小さな神社で神職は常駐していないのだが、たまたまこの日は来ていたので、S村さんは「さっき不思議なことがあったんですよ」と黄色のレインコートを着た少女の話をしてみた。

神職は何度も頷いてから説明してくれた。

「お地蔵様が建っていたでしょう。何であれを建てたかというと、昔、あの辺で滑落事故が起きたからなんですよ」

昭和五十六年に地元に住む小学生の少女が死亡していたのだ。一見、風情を損なうような金属製の柵も、それを切っ掛けに設けられたものだという。

S村さんは事故のあとに下仁田町に嫁いできたので、詳しいことを知らなかった。事情がわかると、少女のことは怖いというよりも、気の毒に思えてならなかった。下山の際に再び少女と出会うことはなかったが、地蔵の前で手を合わせて帰ってきたそうだ。

ダークブルーの国産車

高崎市在住のUさんは、かつて新婚の妻と両親との四人で暮らしていた。彼の父親は車が好きで、決まって三年ごとに贔屓にしている国内メーカーの新車を買う。しかも借金が大嫌いで、必ずキャッシュで買うのである。長年勤めた職場を定年退職したあとも、ダークブルーの国産高級車を買った。これは珍しく中古車であった。近所の販売店に程度の良い車があり、毎日眺めているうちに、どうしても欲しくなったのだという。

「前から一度は乗ってみたかったんだ。新車じゃ高過ぎるからな」

車が家に来た晩、父親は酒を飲みながら幸福そうに笑っていた。

半年後。Uさん一家四人は、この車に乗って草津温泉へ旅行に出かけた。その道中、父親がハンドルを握りながらこう言い出した。

「この車に乗ってると、時々不思議なことがあってさぁ。急に化粧品の匂いがしてくるんだ。年配の女がよく使うような、匂いが強《つえ》え奴の……」

「エアコンを通って外から匂いが入ってくるんじゃない？　いつも通る場所に、派手好きな婆さんでも住んでるとかで……」

当時のUさんは何も感じなかったので、深く考えていなかったそうだ。

それから二ヶ月ほどして、Uさんの妻が子宮筋腫を患っていることが判明した。手術を受けて腫瘍は取り除くことができたが、子供を産めるかどうかはわからないという。

妻が病院から退院してまもなく、今度は買い物に出かけた母親が路上で倒れた。通りかかった人が救急車を呼んでくれたものの、脳卒中で植物状態に陥ってしまったのである。

次に父親が「気分が悪い」と訴えるようになり、検査を受けると肝臓癌であることがわかった。父親の場合、既に癌が他の臓腑にも転移していて、三ヶ月しか持たなかった。

享年六十一。葬儀が済むと、Uさんと妻、よそに住む妹夫婦との間で遺産の分配や遺品の整理、処分を行うことになった。父親の愛車をどうするかという話も出たが、妹夫婦は車を所有する気はないというので、Uさんがもらい受けることになった。それには所有者の名義変更が必要となる。

まずは車検証を確認しておこうと、車のダッシュボードからファイルを取り出すと、車検証と一緒に自賠責保険証明書や整備記録簿も見つかった。そこには父親の名前ではなく、前の所有者の名前と住所が記されていた。前の所有者は隣の市に住む女性だったらしい。

これは個人情報保護法が施行《しこう》される前だったため、昔の中古車はそのようにして売られるのが普通であった。意外に思ったのは所有していた期間である。わずか一年で手放していた。父親もこの車を手に入れてから一年で他界している。

（ただの偶然だろうな……）

Uさんは悪く考えないようにした。名義変更はまだしていなかったが、試乗のつもりで車を乗り回してみると、確かに乗り心地は素晴らしい。すっかり気に入ってしまった。

数日後、Uさんは父親の車で病院へ、母親の見舞いに向かった。

ところが、出し抜けに強烈な化粧品の匂いが漂ってきた。窓は閉めているし、エアコンも作動させていない。そういえば、父親も同じことを言っていたので少し嫌な予感がしてきたが、そのまま病院まで行き、広い駐車場に車を駐めた。

やがて見舞いが済んで病院から出てくると、辺りは薄暗くなっていた。寒々とした冬の駐車場は車の数が減っていたが、アイドリングをしている車が一台あって、エンジンの音が聞こえてくる。父親の車に近づいたUさんは音がそこから発していることに気づいた。

（まさか、車泥棒か⁉）

運転席を覗き込むと、赤いカーディガンを着た女の姿があった。化粧の濃い五十がらみの痩せた女が、アイシャドウを隈取りのように塗りたくった切れ長の目で睨みつけてくる。ぎらぎらした眼光が不気味で、Uさんは一瞬たじろいだ。それを見透かしたのか、女が人を馬鹿にしたように大口を開けて笑い出す。Uさんは怒りを覚え、ドアを開けようとしたが、ロックが掛かっていて開かなかった。携えていた鞄からキーを取り出していると、耳元で調子の外れた女の声が甲高く響いた。

「わたしのくるまだあああっ‼」

Uさんがどきりとした瞬間、車のエンジンが停止して、運転席にいた女の姿も消えた。

(幽霊だったのかっ⁉)

思わず後退りしたが、父親の形見の車を置き去りにして逃げるわけにもいかない。何とか踏みとどまって恐る恐る運転席を覗くと、やはり誰もいなかった。キーを差し込んでドアを開け、車内を調べたが、エンジンキーは掛かっておらず、何らかの細工をされていた様子もない。Uさんはその車を運転して、びくびくしながら家に帰るしかなかった。

(こいつは廃車にするべきだろうな……)

翌日。このところ気苦労から仕事に身が入らなくなっていたUさんは、会社での営業成績が落ち込んでいた。それを理由に、社長から解雇を言い渡されたのである。小さな会社なので組合もなく、辞めろと言われれば辞めるしかなかった。

(くそっ。これもあの車と前の持ち主のせいかもしれない。いや、きっとそうだ)

前の所有者に対する激しい怒りと憎悪の念が込み上げてきた。

（どんな事情で手放したのか知らないが、俺たちを巻き込むことはないじゃないか！）

おまけに今度は妻が結核に罹《かか》っていることがわかった。妻と母親の二人に入院治療費がかかるようになり、新しい就職先もなかなか決まらない。悩んだ末にUさんは、廃車にするつもりでいた車を売り払うことにした。

今は金が欲しかった。だが、それだけではない。

俺の家族だけがこんな目に遭うのは癪だ！　そんな感情が湧いてきたのである。

車は自宅近くに借りている駐車場に放置していた。Uさんはなるべく近寄らないようにしていたが、近くの住民たちの間で噂になっていたらしい。

「見慣れない女がUさんの車の運転席に座っていたんだよ。にたにた笑ってて、気持ちが悪かったんだけど、あれ、誰かねえ？」

そこでUさんは別の市にある中古車販売店に車を売り払った。〈呪われた車〉を売ったことについては、初めこそ罪悪感を覚えたが、じきに何とも思わなくなったそうだ。

（あんな車に乗りたがるのは、どうせ金に余裕がある連中だろうが！　俺たちみたいにどいつもこいつも、みんな不幸になればいいんだよっ！）

その後も母親は植物状態が続いており、妻は病弱、Uさん自身も職を転々として荒れた生活を送っているという。

黒窓

高崎市内には観音山と呼ばれるなだらかな丘陵が広がっている。A子さんは若くして結婚し、その観音山近くにアパートを借りて住み始めた。一階と二階が三部屋ずつある世帯向けのアパートで、A子さんと夫は一階の真ん中に当たる一〇二号室に住んでいた。隣の一〇一号室は初め空室だったが、まもなく引っ越し業者のトラックと、荷物を運び込む業者の姿を見かけた。引っ越してきた家族がいるらしい。

しかし何の挨拶もなく、話し声も物音もまったく聞こえてこなかった。窓に白いカーテンが掛かっているが、夜に灯りが点いているのを見たこともない。

「隣って、何だか変わった家みたいね」

A子さんは夫にそう話したが、さらに奇妙なことに気づいたという。

購読している新聞と一緒に不動産会社の広告が入ってきて、このアパートも写真つきで〈空室あり〉と宣伝されていた。その写真を見ると、A子さん一家の部屋や他の部屋は窓が明るい。だが、一〇一号室の窓だけは真っ黒であった。

やがてA子さんは病院で息子を産み、しばらくは実家で過ごしていたが、身体はどこも悪くなかった。ところが、アパートへ戻った途端に体調が悪くなってきた。毎日身体がだるくて頭痛がする。医師に診てもらっても、原因がわからないらしい。

彼女を悩ませていたものは、それだけではなかった。ひと月ほど前に真上の二〇二号室に新しい家族が引っ越してきたようなのだが、深夜になると子供の笑い声や走り回る足音が聞こえてくるようになった。それがいつも午前二時から三時頃まで続くのである。

「親が叱らないのかしら？　困った家ねえ」

「だけど、うちも子供がよく泣いてるから、お互い様だろ」

夫に制されて我慢していたが、その後も二階からの騒音は夜な夜な繰り返された。沈静化するどころか、日に日に大きくなってきたので、

「幾ら何でもこりゃあ、もう限界だ。うるさくて眠れない」

ついに冷静だったはずの夫のほうが怒り出した。その夜のうちに夫は、二〇二号室へ文句を言いに行こうとした。けれども部屋の呼び鈴のボタンを押すと、鳴らなかったという。

夫がよく見ると、ドアポストには郵便物が入らないようにテープが貼ってあった。窓を見ても中は真っ暗で、明らかに空室である。引っ越してきたばかりの家族がいたはずなのに、いつの間にかいなくなっていたのだ。夫は青い顔をして引き返してきた。

翌朝、A子さんは前に見た広告の写真が気になっていたので、

「ひょっとしたら……」

外に出てアパート全体を眺めたところ、一〇一号室と、今度は二〇二号室の窓も真っ黒に見えた。肉眼で確認できたことに驚き、夫を呼んで見てもらうと、「本当だ。真っ黒だね」と驚いている。もっとも、この現象はじきに治まり、三十分後にもう一度見たときには通常の透明な窓ガラスに戻っていた。一〇一号室の窓には白いカーテンも認められる。また、入居前には、事故物件の話や土地に関する悪い噂は一切聞いていなかった。また、未だに姿を見せない一〇一号室の住人が、どんな家族なのかもわからない。

A子さんが実家に現状を伝えると、実母が心配して何度か家事を手伝いに来てくれた。だが、今度は実母も頭痛に悩まされるようになり、寝込んでしまった。

夫だけは無事で、その日も恙《つつが》なく仕事に出かけて、留守であった。アパートにいたA子さんが昼過ぎに部屋の掃除をしていると、突如また気分が悪くなってきた。生後四ヶ月の息子は柵に囲まれたベッドで眠っている。A子さんは同じ部屋にあるダブルベッドに横たわった。少しの間うとうとしていると、けたたましい泣き声に眠りを破られたという。

まだ寝返りも打てない状態だった息子が、柵を越えてフローリングの床に転落し、狂ったように泣き叫んでいた。

「……大丈夫⁉」

幸い、息子は軽い怪我をしただけで済んだ。ただこのとき、A子さんは床に幾つもの足跡があることに気がついた。人間の裸足の形なのだがやけに大きい。爪先から踵までの長さが三十五センチはあるだろう。A子さんの足のサイズは二十三センチ、夫は二十六センチである。巨大な足跡は息子のベッドと、ダブルベッドの周りにべたべたと付着していた。

(何だろう、これ？　気持ち悪い……)

眠っている間に何者かが部屋に侵入して、息子をベッドから落としたのだろうか？　そんなことを考えていると、頭から血の気が引いて眩暈《めまい》がしてきた。

それでもふらふらしながら玄関のドアを見に行けば、施錠してあり、ドアチェーンも掛かっている。窓もすべて施錠してあった。人間が侵入してきたとは思えない状況である。

寝込んでいる母親を呼び出すわけにもいかず、A子さんは夫が仕事から帰ってくるまでの間、息子を抱いて不安な時間を過ごすしかなかった。夜になって夫が帰宅すると、待ち焦がれていたA子さんは、夫の手を引っ張って足跡を見せた。

「ねえ、何で？　何で、こんなのがあるんだと思う？」

夫も首を傾げて唸るばかりであった。試しに二人とも裸足で歩いてみたが、床の掃除をしたあとで埃が溜まっていることもなく、足跡は残らなかった。おまけに雑巾で拭き取ろうとしても巨大な足跡は消えない。気味が悪くて、A子さんも夫もその夜は眠れなかった。

翌朝早く、二人は外へ出て、アパート全体を眺めてみた。すると、この部屋を除く全室の窓が墨を塗ったように黒く見える。この現象はまた少しして治まったのだが、そういえば、このところ一〇一号室と同じように、他の入居者がいる部屋からも話し声や物音が聞こえなくなっていた。

「これ、最後はうちの番、ってことかもしれないな……」

「やだ！　あたしたち、どうなっちゃうんだろう……」

よくある実話怪談では、怪異が起きたらすぐに引っ越して終わる話が多いものだが、実際に引っ越すには、次の住まいを見つけなければならないし、費用と労力が必要になる。幾ら不満があっても、翌日ただちに引っ越せる、というわけではない。それに、

「この子に悪いものが憑いてたら、どうしよう？」

A子さんは息子のことが心配で堪らなくなってしまった。

結局、知人を通じてある僧侶を紹介してもらい、護摩を焚いてもらった。さらに、僧侶に励まされて帰宅すると、効果があったようで巨大な足跡は消えていたという。

しかし、相変わらずアパートの別室はどの部屋も静まり返っているし、夜に灯りが点いている光景も見ない。A子さんは不安を拭い去ることができず、のちに夫と相談して三十五年のローンを組み、別の町に一戸建ての建売住宅を買って引っ越したそうである。

黒いニット帽

群馬県某所の総合病院で働く女性看護師のBさんから伺った話だ。この病院の近くには、〈曰《いわ》くつき〉とされる踏切がある。

今から十五、六年前の夜、Bさんが夜勤をしていると、事故に遭った初老の小柄な男性が運ばれてきた。自転車に乗っていて踏切を渡ろうとしたときに、普通電車と接触したのだという。もっとも、駅の近くで電車はかなり速度を落としており、男性も咄嗟に自転車ごとよけようとしていた。そのため軽く電車と接触して転倒したものの、軽傷で済み、医師の問診にも的確に答えることができた。認知症や酒に酔っていたわけではなかったのである。

それでも念のため検査を行うことになり、男性患者の胸部や背中のレントゲン写真を撮影した。当時はまだデジタルではなく、フィルムが使われていたのだが、医師はできあがった写真を見て、渋い顔をした。

「あ、手が写っちゃった。撮り直して」

Bさんも写真を見ると、確かに五指の長い大きな手が胸部を覆い隠していた。男性患者が肘を曲げて胸部に手を当てているように見える。Bさんは不可解に思った。

(この患者さん、意識はしっかりしているのに、何で胸の前に手を出したんだろう?)

レントゲン写真を撮り直すと、今度は綺麗に撮れていた。結局、大きな怪我はないことがわかったが、男性患者は診察と治療が終わってから、奇妙なことを口にした。

「信じてもらえないかもしれませんが……踏切を渡っていたらね、急に後ろから腕を強く引っ張られたんですよ。で、振り返ったら、黒いニット帽を被った男が立っていたんです。全然知らない男でした。そいつと目が合ったら、蛇に睨まれた蛙みたいに身体が動かなくなっちゃって、踏切の外へ出られなくなったんです。……電車が見えてきたときは、もう駄目かと思いましたよ」

だが、そこで〈黒いニット帽の男〉は姿を消してしまった。同時に男性患者は身体を動かせるようになったので、間一髪で命拾いをした、というのである。

Bさんは気になって、男性患者が帰ってから、失敗した写真をもう一度確認してみた。そのとき、異変に気づいたという。

本来のレントゲン写真なら、骨が白くくっきりと写るはずなのだが、先程の大きな手には骨が見当たらない。手の肉と皮膚が灰色に写っているだけなのだ。それに男性患者は小柄で、手も大きくなかった。一体、何が写り込んだのか? Bさんは考えるうちに寒気立ってきた。

それから数ヶ月後の夕方、Bさんがその日の勤務を終え、車に乗って帰宅しようとしたときのこと。踏切を渡ろうとすると警報機が鳴り出したので、車を停めて待つことにした。遮断機が下りてくる。彼女の車の前に他の車は停まっていなかったが、七十五、六歳くらいの老婆がいて、電車の通過を待っていた。

と、そこへ——踏切の真ん中に、黒ずくめの男が現れた。身に着けているニット帽、ブルゾン、ジーンズ、靴のすべてが黒い男であった。

(何やってんの、この人！　危ないじゃない！)

非常事態にBさんは狼狽《ろうばい》した。そのため、〈黒いニット帽の男〉の目撃談をすぐには思い出すことができなかった。Bさんは車窓から顔を出して叫んだ。

「危ないですよっ！　出て下さい、早く、踏切からっ！」

しかし男は何も答えず、微動だにしなかった。見たところ、四十がらみで身体つきは中肉中背、肌は浅黒く、鋭い目つきをしていた。

「早く出てっ！」

何度も呼びかけたが、男の反応はない。そのうちに電車が近づいてきた。駅の近くで減速しているとはいえ、まともに衝突すればただでは済むまい。遮断機の前に立っていた老婆は、黙っていて動かなかった。Bさんは車から降りて、踏切の非常ボタンを押そうとした。

ところが、次の瞬間、男の姿が消えた。電車が通過してゆく。

やはり踏切の中に男の姿はなかった。

このときになってようやくBさんは、以前に男性患者から聞いた話を思い出した。

（あれが、〈黒いニット帽の男〉なのかな……）

急に怖くなってきて、踏切を渡り終えたところでバックミラーを覗いた。

すると、〈黒いニット帽の男〉がまた姿を現していた。今度は踏切から外れた線路の上に立って、こちらに背を向けている。その前に先程の老婆が佇んで向かい合っていた。男と、何か言葉を交わしているように見えた。

（あのお婆ちゃん、大丈夫かしら？）

Bさんは老婆のことが心配になったが、後ろから他の車が踏切を渡ってきていたので、車を停めるわけにはいかなかった。結局、気になりながらも、そのまま帰宅したという。

翌日、出勤したBさんは近くの線路で人身事故が起きたことを知った。この日は電車で通勤している他の職員から聞いたのだが、事故があったこと以外は何もわからなかった。

けれども、その翌日には詳しいことがわかってきた。通院している女性患者が近所に住んでいて、一部始終を目撃していたそうで、鉄板の油に火を点けたように喋りまくったのだ。

この女性の自宅は線路沿いにある。二日前の晩、庭で飼っている犬が激しく鳴くので窓を開けて外を見ると、線路と庭を隔てる柵の向こうに人影が動いていた。月明かりを頼りに目を凝らすと、老婆が一人、石に躓《つまず》きながらふらふらと歩いている。女性は気になって庭へ出てみた。老婆は立ち止まり、線路の上に座ってから仰向けに寝転んだ。

「あっ、お婆さん、そんな所に寝ちゃ駄目よっ！」

女性は柵越しに説得しようとしたが、老婆は返事をしない。そこへ轟音を響かせながら、電車が近づいてきた。

「お婆さん、よけてっ！　逃げてっ！」

老婆は目を合わせようとせず、既に死んだように動かない。電車の運転手も気づいたのだろう、ブレーキを掛ける耳障りな高音がけたたましく響く。

だが、間に合わなかった。老婆は電車に轢き潰された。

血が迸って、赤黒い飛沫が女性の着ている衣服にまで飛んできた。

老婆は首を切断されていた。ちょうど車輪が通る位置に寝て、わざと首を切断させたらしい。大騒ぎになった。首は吹っ飛んでなかなか発見されず、長い時間が経ってから、少し離れた民家の庭に植えられていた桜の木の枝に引っ掛かっているのが発見されたという。

さらに警察が取り調べに来て、亡くなった老婆もBさんが働く病院の患者であり、長年にわたって通院していたこともわかった。事故ではなく、長患いを苦にしての自殺、とされたのだが……。

(その人、私が見たお婆ちゃんだわ)

Bさんは、老婆が自殺する前に〈黒いニット帽の男〉と立ち話をしていたことが心に引っ掛かっていた。そしてあの日、引き返して声をかけてやらなかったことを悔いたそうである。

なお、老婆の首が発見された桜の木は本来、桜色の花を咲かせていたが、翌年の早春から首がぶら下がっていた部分の枝だけは、血を浴びたような赤黒い花が咲くようになった。Bさんもその花を見たことがある。加えて数年後には、

「血まみれの老婆の生首が、桜の木の枝に現れる」

との噂も流れるようになった。

真偽は定かでないが、その家の主はひどく気味悪がって、桜の木を伐採してしまった。

それ以後、Bさんは老婆の生首に関する噂話を聞かなくなった。しかし、〈黒いニット帽の男〉の目撃談は今でも耳にする。相変わらず黒ずくめの出で立ちで、踏切の遮断機が下りてから線路上に現れ、電車がやってくると姿を消してしまうという。

特殊な病室

これは別の総合病院で働く看護師から伺った話だ。そこには特殊な病室があるという。

その六人部屋に老人の患者を入院させると、決まって数日以内に騒ぎ出す。

「夜になると部屋に女がいるんだ！　赤い服を着た、髪の長い、若え女《わけ》だ。左のほっぺたに黒子《ほくろ》がある。ここは男部屋なんだぞ！　追い出してくんな！」

ただし、医師や看護師、他の入院患者などには、その女の姿が見えない。なだめてそのままにしておくと、老人は重度の認知症を発症してしまう。過去に入院させた老人全員が同じことを言ったあと、言動に異状を来して精神科がある他の病院へ移ったり、特別養護老人ホームに入所したりしている。老人といっても、入院までは精神が安定していた人たちなのだ。

認知症による幻覚だろう、と医師は判断を下した。だが、別々の時期に入院した老人たちがいずれも〈赤い服を着て、髪が長く、若くて、左の頬に黒子がある女〉を見たと証言していることは不可解であり、看護師たちの間で問題になった。そこでその病室には若い患者しか入院させないようにしたところ、認知症を発症する患者は出なくなったそうだ。

赤い女のお気に入り

Ｆさんが高校生の頃、原付バイクが流行っていた。彼は学校に内緒で免許を取り、乗り回していたという。その夜も地元近くの低い山へ、原付バイクに乗って同じ高校の仲間たちと遊びに行った。そこは戦国時代に山城が築かれ、途中で落城したことが知られているが、この当時は事件や事故は起きておらず、心霊スポットというわけではない。彼を含めた五人で山頂付近まで行き、夜景を眺めたり、好きな女性歌手の話をして帰ろうとした。

そのとき、仲間の一人が真顔で言い出した。

「来る途中、カーブミラーがあったろう。その下に女がいたんだけど、みんな見た？」

Ｆさんたちは些か驚きながら首を横に振った。

「こんな時間に、一人で真っ暗な山の中にいたのかよ？」

「ってことは、まさか……」

「よし、見に行こうぜ！」

血気盛んに全員でカーブミラーの前まで引き返してみたが、女はいなかった。

「いねえじゃんか。だましたな！」

Fさんはふざけて仲間の首を絞めるふりをした。しかし、仲間はその手を払いのけた。

「本当だよ。赤い服を着た女が立ってたんだよ!」


それから数ヶ月後、Fさんの両親は一泊二日の旅行に出かけた。一人で留守居を任されたFさんは、同じ町に住む中学時代の友達のK君を電話で呼んだ。「泊まりで遊びに来いよ」K君が来ると、菓子を食べながら談笑していたが、宵のうちに話題が尽きてしまった。するとK君がこう切り出した。

「あのさぁ、俺もバイクに乗ってみたいんだけど、ちょっと貸してくれないか」

K君は山に行った仲間たちとは違って、原付バイクに乗ったことがなかった。免許を所持していないので本来は違法なのだが、この辺りは平地の農村で人家よりも田畑が多く、夜になれば人も車もあまり通らず、信号もないので、Fさんは大丈夫だろうと考えた。

「この近所を走るだけにしておけよ」

と、注意した上でキーを渡し、ひと通りの操作方法を教えてから送り出した。

Fさんの家は庭つきの一戸建て住宅である。彼は二階にある自室で漫画雑誌を読み始めた。K君が乗った原付バイクのエンジン音が遠ざかり、近づいては、また遠ざかってゆく。この家の周りを走り回っているらしい。ところが、意外と早く、五分ほどでK君は家に戻ってくると、息急《せ》き切って階段を駆け上がってきた。

「あれ、もういいのか？」

Ｆさんは微笑みかけたが、Ｋ君は笑わなかった。顔が青褪めている。

「どうした？」

「ここん家《ち》の庭に変な女がいるから、知らせに来たんだよっ！」

Ｆさんの家には、門や塀がなくて通りから庭や家屋がよく見える場所がある。Ｋ君がその前を通ったとき、二階のＦさんの部屋から漏れる灯りに照らされて、庭に人影が立っているのが見えたという。

（おや、誰だろう？）

不審に思いながらも、もう一周してくると、依然として庭に人影が佇んでいる。気になってバイクを、目を凝らすと――。

赤いワンピースを着た、髪の長い女が佇んでいた。雨が降っていないのに、全身がぐっしょりと濡れて光っている。二階を見上げて、Ｆさんがいる部屋を睨んでいるようだ。しかも盆栽や草花を育てている植木鉢が沢山並べられた場所に足を踏み入れていた。

（声をかけてみようか？　でも、こんなときって、どう言えばいいんだ？）

どうしたら良いのかわからず、困ったＫ君はとにかくＦさんに知らせることにした。庭へは入らず、表通りに面した玄関から家に駆け込み、知らせに来たそうだ。

「気持ち悪いな。誰だんべ？」

Ｆさんが窓を開けて庭を見下ろすと――。

誰もいなかった。念のために懐中電灯を持って、二人で庭へ下りてみたが、女の姿はどこにもない。女が立っていたという場所も、盆栽や草花が折られたり、踏み潰された形跡はまったくなかった。この夜はそれだけで済んだのだが……。


数日後の夜、Ｆさんが自室で眠っていると、ふと目が覚めた。仰向けの状態で、首を擡げることはできたが、胴も手足もワイヤでベッドに縛りつけられたかのように動かない。と、ここまでは単なる金縛りで、医学的にも解明されている現象なのだが、足元のほうを見ると、見知らぬ女が立っていた。部屋の中はオレンジ色の豆球だけを点けた状態だったにも拘らず、女が赤いワンピースを着ていることも識別できた。漆黒の髪も衣服も、全身ぐっしょりと濡れている。二十四、五歳の痩せた女であった。美女と呼べる整った顔立ちをしているが、不機嫌そうな険しい表情でこちらを見下ろしている。その鋭い眼光には殺意が込められているようにさえ感じられた。

愕然としたＦさんは、身体中から大量の汗が噴き出してくるのを自覚した。数分経つと、女は何をするわけでもなく、その姿を消した。Fさんの身体も自由に動かせるようになったが、汗はまだ次から次へと噴き出してきて、なかなか止まらなかった。

(今のが、Kが見た女なんだろうな……)

Fさんはそれから自律神経失調症を発症した。何の前触れもなく突然汗が噴き出してきて、止まらなくなるのだ。頭痛や立ちくらみ、下痢に悩まされる日も多い。やがて彼は高校を卒業して就職したが、仕事を休みがちなので、上司には気に入られず、同僚からも馬鹿にされ、大喧嘩をして会社を辞めた。以後は職を転々としているという。

赤いワンピースの女は、その後も年に一度あるかないかの割合だが、忘れた頃に現れる。K君や同じ高校のバイク仲間は全員無事で、Fさんだけが悩まされ続けているそうだ。

(俺だけが気に入られてしまったのかもしれない)

さらに途中で気づいたことがある。

まず、赤いワンピースを着ているものとばかり思っていた女は、実は全裸であった。女は肩から太腿までべったりと、塗りたくったように血まみれで、それが薄暗い場所ではワンピースを着ているように見えたのである。

もう一つ。現在三十歳になったFさんは、髪が長くて痩せ型の若い女性を見かけると、無性に殺害したくなる。とくに身体中を切り刻むような惨たらしい方法で殺したい、というのだ。それをやれば、ずっと悩まされてきた自律神経失調症から解放される――そんな気がしてならないのだという。

だが、その一方で何とか殺意を抑えようと努力もしている。今のところはどうにか犯罪者にならずに済んでいるが、この先どうなるのかわからず、不安で仕方がない。結婚どころか、恋愛もできないそうだ。

そして、これはFさんとは直接関係がないことだが、彼が高校時代に原付バイクで遊びに行った山では、のちに女性が殺害されて遺棄される事件が発生している。犯人はほどなく逮捕された。被害者はこの地域に縁がなかったが、犯人は地元出身者で過去に例の山を訪れたことがあったらしい。

友達

Ｋさんは結婚してから五年間、市街地にある実家を離れ、郊外の公営住宅に住んでいた。そこは雑木林や田畑が多い、のどかな町である。

自営業を営む彼は、仕事が休みの日に五歳の娘を公営住宅の敷地内にある公園へ連れていった。Ｋさんは近々、妻子を連れて実家に戻ることに決めていたので、娘をその地域の幼稚園まで通わせていた。それが原因となったのか、娘は近所に友達がいなかった。この日も寂しそうに、あるいはつまらなそうに一人でブランコに乗っていたという。

しばらくしてＫさんの携帯電話が鳴った。得意先からだ。今日は休みなのだが、仕方がない。電話に出ると、自宅にある資料を確認しなければならない用件だったため、娘を公園に残して一旦自宅まで引き揚げた。五分ほどして公園へ戻ってみると——。

娘がとても楽しそうに微笑んでいる。

「どうした？」

「お友達ができたの」

娘の話を要約すると、Kさんがいなくなってすぐに幾つか年上らしい見知らぬ女の子が近づいてきた。

「一緒に遊ぼうよ」

色白の女の子はそっくりな顔立ちをした幼い弟を連れていた。それから娘は何時間もの間、その姉弟とままごとや鬼ごっこなどをして遊んだ。姉弟のかわいらしい顔もよく覚えている。ところが、引き返してきたKさんの姿が遠くに見えると、姉弟は、

「じゃあね！ またここで会おうね！」

「バイバイ！」

いきなり駆け出して高く跳躍し、公営住宅の脇にある金属製の柵を乗り越えた。その向こうには雑木林が広がり、用水路が流れている。姉弟は用水路に飛び込んだり、陸地へ駆け上がったりしながら走り去った。二人の動作は大変な速さだったそうである。

幼児はよくイマジナリーフレンドと呼ばれる空想上の友達を作ることがあるのだが、それを知らなかったKさんは少し心配になった。

(寂しくて、白日夢でも見るようになったのかな？)

だが、ふと柵の向こうを見ると、雨も降っていないのに用水路のコンクリートの溝や陸

地の石が点々と濡れている。確かに人間か、大きめの獣が飛び込んだり、駆け上がったりすることを繰り返した痕跡のように見えた。それで娘の話を信じる気になったという。

それから一週間が経ったが、娘がその姉弟と再会することはなかった。

ところで、同じ公営住宅に七十歳の老婆が夫と二人で暮らしていた。この老婆は認知症を発症していて、夕方帰宅したKさんに「おはようございます」と挨拶をしたり、近所に散歩に出かけて自宅の場所がわからなくなり、「私の家はどこでしょう？」と道行く人に助けを求めたりしていた。

普段は三つ年上の夫が面倒を見ていて「危ないから、一人では外に出るなよ」と注意していたが、二十四時間見張り続けることはなかなか難しい。夫が所用で外出したり、世話に疲れてうたた寝をしてしまうと、老婆はその隙に家を出て近所をうろつくのである。同じ年頃の人々とはあまり関わろうとせず、幼児と公園で遊ぶ姿がよく見られるようになった。子供が好きというよりも、知能が幼児と同じ程度か、それ以下になっていたらしい。

ある日老婆は、連れ戻しにきた夫に向かって幸福そうに笑いながら、こう言った。

「今日は七つぐらいの女の子と、三つぐらいの男の子が遊んでくれたんだよ。明日も一緒に遊ぼうって、約束したんさぁ」

「馬鹿。一人では外に出るなと言ったろうが」

翌日、夫は朝から晩まで見張るつもりでいた。しかし午後になると無性に眠くなってきて、どうすることもできず、椅子に座ったまま、うたた寝をしてしまう。

老婆はその隙に家を出て、それきり行方を晦ましてしまったのである。夜になっても戻ってこなかったので夫が騒ぎ出した。

「うちの女房を見ませんでしたか？」

と、公営住宅の住民たちに訊いて回ったので、Kさんも初めて事情を知ったそうだ。

すると、公営住宅に住む子供たちが口々に、

「あのお婆ちゃん、今日、公園で知らない子たちと遊んでたよ」

「女の子と男の子の、姉弟みたいだったよね」

「でも、いつの間にか、いなくなっちゃったんだ、三人とも」

などと言い出した。

有志が捜索を行うことになり、Kさんも加わったが、老婆は朝になっても発見されなかった。三日間発見されず、四日目になって、老婆は五キロほど離れた里山の沢沿いで、野鳥の観察に来た人々によって発見された。俯《うつぶ》せに倒れていて、最期はひどく苦しんだのか、真っ白に変色した顔は醜く歪み、飛び出さんばかりに目を剥いて死んでいたという。

警察が検視を行った結果、遺体に外傷がなかったことから〈認知症で徘徊し、急性心筋梗塞を起こして病死したのであろう〉と判断されたのだが、老婆の遺体の近くには川砂を握り固めて作った団子が十個ほど置いてあった。まるでままごと遊びでもしていたかのように——。

子供たちが見たという姉弟は発見されず、どこの子なのか、わからずじまいになった。

この話を老婆の夫から聞かされたKさんは、

(うちの娘が会ったという姉弟に連れていかれたのだろうか?)

そう思わずにはいられなかった。そして老婆とその夫を気の毒に思う一方で、あのとき、うちの娘が連れてゆかれずに済んで本当に良かった、と密かに胸を撫で下ろしたという。

館林の女

群馬県東部のみどり市大間々町《おおままちょう》には、心霊スポットとして有名な高津戸峡《たかつどきょう》のはねたき橋がある。昔はいかにも不気味な吊り橋だったが、飛び込み自殺が跡を絶たないことから、雰囲気を変えるべく、美しい橋に造り変えられた。歩行者専用で中央付近にベンチがあり、夜間は街灯が点く。橋の下を流れる渡良瀬川《わたらせがわ》沿いには遊歩道があって、大勢の人々が散策や観光に訪れる上、警察もパトロールを行っている。

したがって以前と比べれば、だいぶ自殺が起き難い状況になったのだが、現在でも飛び込み自殺は発生していて、毎年数名が亡くなっている。また、およそ五百メートル下流には車が通れる赤い橋、高津戸橋が架かっていて、そこから飛び込む者もいるという。

さて、五十代の男性N田さんは、五月の朝に奥さんを車に乗せて、はねたき橋を訪れた。地元在住で土地勘がある彼らは、渡良瀬川の左岸を通る裏道に車を乗り入れ、周辺の散策をしようと考えていた。天気は良かったが、平日のせいか、珍しく他に人気がなかった。すぐ上流には高津戸ダムがあり、橋の袂にはダムの建設工事中に事故で亡くなった人々の慰霊碑が建てられている。N田さん夫妻はその近くに車を駐めて降車した。

そして歩き出したとき、いきなりダムのほうから全身びしょ濡れの若い女性が現れた。Tシャツにジーンズ姿で、長い髪は乱れ、水を滴らせながら弱々しい足取りで歩いてくる。項垂れて、こちらを見ようともしない。N田さん夫妻は唖然として立ち止まった。

（うわ、幽霊か？）

N田さんは息を呑んだが、怖いとは思わなかった。夜ではないし、どう見ても生きた人間としか思えなかったからである。入水自殺を図ったが、失敗したのであろう。

ダムの手前の路肩に金網が張られた柵が設けられている。女性はその金網を掴むと、柵を登り始めた。柵の向こうにはコンクリートの絶壁が口を開けている。「危ない！」夫妻はほぼ同時に駆け出して、女性の腰の辺りを掴み、引き止めようとした。

「やめなさい！」

「待って！」

女性は二人の制止を振り切って柵を乗り越えようとする。華奢な身体つきをしているわりに力が強くて、二人がかりでもなかなか下ろすことができなかった。こうなれば仕方がない、とN田さんが力任せに引き摺り下ろそうとすると、女性は柵から滑り落ちて転倒し、後頭部を打った。ひと声唸って、大の字に伸びてしまう。脳震盪を起こしたらしい。

「まあ、大変！」

「えらいことになったなあ！」

女性は顔面蒼白で目を閉じていて、呼びかけても肩を揺さぶっても反応がなかった。救急車を呼ぶべきだったのかもしれないが、N田さん夫妻も気が動転していて、思い至らなかった。とはいえ、介抱していると、五分ほどして女性は目を開けたという。

「……ここは、どこですか？」

「みどり市の大間々です。あなたは、どちらから来たんですか？」

「……館林から、来ました」

群馬県の東南端に近い館林市は、ここから車で一時間ほどかかる。見たところ、二十四、五歳と思しき女性は、上半身を起こして訥々《とつとつ》と身の上話を語り始めた。

「最近、仕事が上手くいかなくて、嫌なことばかりで落ち込んでいたんです。鬱気味でした……。毎日毎日、もう死ななきゃ！　と思っていたんですが……そこから記憶がないような……気がついたら、ここに倒れていたんです」

女性は話すうちに少しずつ、元気になってきたようであった。衣服はまだ濡れているが、真夏のように暑い日だったので、風邪を引くこともなさそうである。館林市まで帰るには、東武鉄道に乗らなければならない。N田さん夫妻は車で女性を東武鉄道の最寄り駅まで

送ってやることにした。その車内で女性は、
「あたし、よくとり憑かれるんです。自殺した人の霊に呼ばれたのかもしれません」
と、過去の体験談を口にした。

＊

彼女は数年前まで県外の大学に通っており、アパートで一人暮らしをしていた。ある休日、女友達と会って食事をする約束をしていたのだが、当日になって友達が風邪を引き、中止になった。その日、ちょうど待ち合わせをしていた場所で車が歩道に突っ込み、歩行者が死亡する事故が発生している。時間帯も同じ頃だったので、もしも予定通りに行動していたら、二人とも巻き込まれていたことだろう。

彼女は被害者たちのことが気の毒に思えてならなかった。自分たちの身代わりになったような気がして心が痛む。そこで後日、一人で事故現場へ行き、花束を供えて手を合わせた。目を閉じて冥福を祈っていると――。

「ウ……。ウォ……。オ……」

後ろから人の声が聞こえてきた。

「マ……エ……」

苦しそうに、喉の奥から絞り出すような声であった。

彼女が振り返ると、すぐ後ろに女が立っていた。口の周りが吐血で汚れており、髪は乱れ、白く濁った目を剥いている。あちこちの骨が折れているのか、身体が横へ〈くの字〉に曲がっていた。

「ごめんなさい！　ごめんなさい！」

咄嗟に彼女は謝っていた。だが、女は土気色をした顔を無遠慮に近づけてくると、血だらけの口を開閉させた。

「オマエガ、シネバ、ヨカッタ、ノニ……」

「何やってるのっ！　しっかりしなさいっ！」

気づいたら衣服を着たまま、水風呂に浸かっていた。彼女は母親に肩を掴まれ、揺さぶられていたのである。

「ひゃっ、冷たい！」

慌ててバスタブから飛び出したが、身体の震えが止まらない。

母親の話によれば、彼女はアパートへ帰るなり、館林の実家に電話をかけたらしい。そして「とり憑かれたの！　もう駄目だあ！　私も死ぬの！」と何度も叫んだ。

「どうしたの!?　何があったのか、説明しなさい！」

母親が幾ら訊ねても彼女は同じことを叫ぶばかりでまともに答えようとせず、やがて一方的に電話を切ってしまった。電話を何度かけ返しても出ない。母親は心配してすぐに家を出ると、車を飛ばしてアパートまでやってきた。呼び鈴を鳴らしても返事がないので、預かっていた合い鍵を使って部屋の錠を開け、室内を調べたところ、風呂場のドアが開いていた。そして水道の蛇口から飛び上がらんばかりに冷たい水が流れ出しており、彼女が虚ろな目をしてバスタブに座り込んでいたそうである。

「わ、私……な、何で、そ、そんなことを、したんだろう……？」

彼女自身、わけがわからなかった。いつまでも震えが止まらず、これが原因で風邪をこじらせ、何日も寝込む羽目になったという。

＊

（この子、精神が不安定で幻覚が見えたり、記憶が飛ぶことがあるんだろうな）

Ｎ田さんはそう思ったが、黙っていた。

ちょうど女性の話が終わったところで駅に着いた。時間にして五分程度であった。女性は入水した際に財布を落としたのか、金を持っていなかったので、N田さんは千円札を手渡し、改札にいた駅員に事情を告げて「館林まで帰らせてあげて下さい」と頼んだ。

「本当に、ありがとうございました」

女性は深々と頭を下げた。駅員に誘導され、構内踏切を渡ってホームへ向かう。

電車は既に到着していて発車時刻を待っていた。小さな駅なので駅前のロータリーから、柵を挟んでホームの様子が見える。N田さん夫妻はそこから女性を見送ることにした。

電車が発車する。ところが……。

女性は電車に乗らず、まだホームに立っていた。項垂れている。しかも——。

不意に女性の後ろから人影が現れた。四十がらみの男女が一人ずつ。暑い日なのに、男は黒いスーツ姿で、女は臙脂色《えんじいろ》のセーターを着て、厚手のスカートに黒いタイツを穿いていた。どちらも全身ずぶ濡れで、頭が割れて血を流しており、顔は醜く歪んでいる。

「何だ、あの連中は？」

「えっ、誰のこと？」

「ほら、あの女の子の後ろにいるだろう」

「あの子の他に、誰がいるの？」

奥さんには女性の背後にいる男女の姿が見えていないらしい。N田さんは男女の正体を察して、少しの間だったが、じっとしていられないほどの悪寒に襲われた。

「……もう、行こう」

「放っといていいの?」

「何とか、してくれる、だろ。駅員に、頼んで、おいたから……」

元々、この日ははねたき橋に立ち寄ったあと、さらに山奥にある広い公園まで行く予定を立てていた。それに、あの男女がこちらを見ているようで恐ろしかったのである。

N田さん夫妻は公園へ行き、園内にある鍾乳洞を見学したり、食堂で昼食を食べて楽しく過ごした。そして夕方近くになって帰宅しようと車を走らせていると、高津戸峡の上空をヘリコプターが旋回していることに気づいた。

『ここでヘリコプターが飛んでいれば、はねたき橋か、下流の赤い橋から飛び込んだ者がいる可能性が高い』と地元では言われている。N田さん夫妻がはねたき橋のほうへ行ってみると、警察と消防が捜索に当たっていた。野次馬も大勢いて、N田さんはその一人から、

「橋から女性が飛び込んだそうですよ。流されていったんだって」

という話を聞き出した。

(まさか、午前中に出会った女の子が……)

N田さんは気になって仕方がなかったが、飛び込んだ女性はなかなか発見されず、諦めて帰宅した。その晩から毎日、地元のマスコミ報道を見逃さないようにしていたものの、この一件の顛末が伝えられることはなかった。ただし、N田さんは、自殺したのはあの女性だと確信しているという。

六月の小糠雨が降る夜、彼はその日の仕事を終えて帰宅した。庭に車を駐めて降りると、異様な姿をした複数の人影が、近くに立ってこちらを見つめている。

（あれは……）

前に駅のホームで見かけた黒いスーツの男と臙脂色のセーターを着た女、そして――。館林から来たあの女が、二人の後方に佇んでいた。彼女も他の二人と同じく、飛び込んだ際に川底の岩に激突したのか、頭から血を流しており、身体中がぐっしょりと濡れている。N田さんは驚いて立ち竦んだが、じきに三人の姿は消えてしまった。

（やっぱり死んでいたのか……。かわいそうなことをしてしまった。あのとき俺たちが、もっと親身になって面倒を見てやっていれば……）

N田さんは後悔した。このときは気の毒に思えてならなかったという。

だが、それから男女三人は三日にあげず、N田さんの前に姿を現すようになった。

夜中にふと目が覚めると、ベッドの脇に立ってこちらを見下ろしている。車を運転中、バックミラーに数秒間だが、姿が映ったこともある。危うくハンドルを切り損ねて事故を起こすところであった。仕事中、職場に現れることも多い。三人の姿はすぐに消えてしまうので気にしないように努めるのだが、その日は決まって仕事で大きな失敗をする。家にいても何となく落ち着かず、夜もぐっすり眠れないので体調が悪くなってきた。

奥さんに相談すると「御祓いを受けたほうがいいよ」と言う。そこで神社へ行って御祓いを受けたものの、効果は出なかった。その夜も男女三人はN田さんの自宅に現れ、生前に助けた〈館林の女〉が、

「御祓いなんかしても、無駄ですよ……」

と、声を発した。

それ以後、三人は少しずつ話しかけてくるようになったという。

「橋に行ごうよう」

「あんたも、川に飛び込めよう」

どことなくピカソのキュビスム作品を思わせる歪んだ顔に変化はなく、口元も動かないのだが、声がN田さんの耳元で大きく響く。その頃からN田さんは、奥さんと些細なことで喧嘩をするようになった。すると家にいるのが無性に嫌で堪らなくなってくる。

やがてある日、また仕事で失敗したN田さんは家に帰らず、夜更けにはねたき橋へ行き、真っ暗な渡良瀬川のほうを見下ろしながら、ぼんやりとそう考えたことがあった。

（ここから飛び込んでしまおうか。楽になれそうだな……）

（いや、駄目だ！　俺は何を考えているんだ！）

じきに我に返ったのだが、振り返ると、後ろにいつもの男女三人が立っていた。珍しいことに三人はこのとき、声を立ててN田さんのことを嘲笑していたという。

それから一年近く経つが、N田さんは別の神社で御祓いを受けたり、寺で護摩焚きをしてもらったりして、何とか難を逃れている。しかし、今でも三人は頻繁に姿を見せており、N田さんは渡良瀬川に飛び込んで死にたくなることがあって、困っているそうだ。

雨鬼

現在七十二歳のDさんから、数年前に伺った話である。彼は元教師で、大学までは陸上競技の選手として活躍していた。

昭和四十年代、六月の晩。群馬県南東部の伊勢崎市郊外に住んでいたDさんは、車で飲み屋街まで行き、焼き鳥屋で酒を飲んだ。彼は酒に滅法強く、その頃は今と違って飲酒運転の取り締まりが厳しくなかったことから、車を運転して帰ろうとした。焼き鳥屋を出ると、小雨が降っていた。少し濡れながら車に乗り込んだが、勃然と、まっすぐ家に帰るのはもったいない気がしてきたという。

まだ二十代前半だった彼は、教師になったばかりで独身生活を送っていた。

(どうせアパートに帰ったって独りだものな。いい女がいたら、声をかけてみるべえか)

とはいえ、今もそうだが当時の伊勢崎の街は寂れていて、〈いい女〉はなかなか見つからなかった。車を流すうちに国鉄(現在のJR)伊勢崎駅前までやってきた。すると、白い浴衣を着て草履を履いた女が一人、駅舎の軒下で雨宿りをしている。年の頃は二十歳くらいか、軒下に可憐な白い花が咲いているように見えた。

「こんばんは！　誰か待ってるの？」

「いえ、電車がなくなったので、家に帰れなくて困ってるんです」

「じゃあ、送ってあげるから乗りなよ」

女のほうも、まんざらでもなかったようで、すんなり乗ってきた。石鹸の甘い香りがする。

「家はどこ？」

「桐生のほうです」

桐生市は伊勢崎市から見ると、赤堀村（現伊勢崎市）、笠懸村（現みどり市）を挟んで東北にある。Dさんがそちらへ向かって車を走らせていると、途中で女が言った。

「大胡《おおご》へ行って。私の家、そっちなの」

「えっ、大胡？　家は桐生じゃないの？」

「家は粕川《かすかわ》なの」

大胡町は前橋市を挟んで伊勢崎市よりも北にあり、粕川村はその東隣にあって、どちらも赤城山の南面に当たる（現在はともに前橋市）。

（何だこの女、変なことばかり言いやがるな……）

Dさんは訝しく思い始めた。

さらに女は「あっちへ行って」「こっちへ行って」と指示をするのだが、それが支離滅裂なのである。Dさんは赤信号で車を停めたときに改めて女の姿を見て、驚愕した。白い浴衣だと思っていたのは病院の入院服であり、草履ではなく、突っ掛けサンダルを履いている。某所に精神病院があって、たまに脱走する患者がいる、という噂話は彼も知っていた。

(うわ、あそこの入院患者だったのかな？　やばい女を乗せちゃったなぁ……)

おかげで酔いもすっかり覚めてしまった。女を警察に引き渡すことも考えたが、それでは飲酒運転が警官にばれてしまう。どうしたものか、思案しているうちに電話ボックスがある場所までやってきた。周りに民家は一軒もない山の中である。

「電話をかけたいの。一旦降ろして」

女がせがむので降ろしてやった。車のエンジンは掛けたままの状態で、見ている者は誰もいない。逃げるには絶好の機会であった。女が五、六メートル離れた電話ボックスに入っていったのを確認してから、Dさんは車を発進させようとした。ところが、

「置いていかないでっ！　置いていかないでようっ！」

電話ボックスの中にいるはずの女が、いつの間にか車の真横に立っていた。運転席のドアガラスに縋《すが》りつき、必死の形相で叫んでいる。気が動転したDさんは女を無視し、泡を

食ってその場から逃げ出していた。

しかし、それだけでは終わらなかったのである。

真っ暗な田舎道を数百メートル走ったところで、同じ女が暗闇から飛び出してきたのだ。女は手を振りながら、何事か叫んでいた。まっすぐに突っ込んでくる。

「危ねえっ！」

Dさんはブレーキを強く踏み込んだが、間に合わなかった。女をもろに撥ねてしまう。その衝撃を感じた途端、車が左手に進路を変えた。彼自身がハンドルを切った覚えはなかった。車が勝手にそちらへ動いたそうである。

道路の左手にガードレールはなく、路肩の向こうは崖で、下には細い川が流れていた。Dさんは車ごと、その川原へ転落してしまう。

車は岩に激突して横転し、ドアが壊れて開かなくなった。Dさんはガラスが割れた窓から、苦心して外へ這い出した。両足を強打していて痛みがひどく、立ち上がることができない。

雨の降りが強くなっていた。この崖を登らなければ、助けを呼ぶことも叶わないだろう。元陸上選手で身体能力が高いDさんは、傾斜が緩やかな場所を探して這い上っていった。斜面が急な場所があると上手く登れず、横へ移動して、また登れそうな場所を手探りで探す。

高さ七、八メートルの崖を登り切るのに三十分もかかった。身体中がびしょ濡れになり、泥まみれになっている。降り頻る雨の中、やっと道路まで這い上がると――。

撥ねたはずの女の姿は路上になかった。

Dさんは夜が明けてから、軽トラックで通りかかった農家の夫婦に発見され、救急車を呼んでもらうことができた。だが、一晩中雨に濡れていたせいで、肺炎を起こして一時は命が危なくなった。危篤状態から脱したのちも、すぐには歩くことができなかった。両足を複雑骨折していたためで、大きな手術を受け、長いこと辛いリハビリを行って、ようやく歩けるようになったという。

快復してからの彼は、真面目で熱意のある教師に変わったそうだが……。


のちに同じ川原に車が転落し、運転していた若い男性が亡くなる事故が発生している。Dさんは地元の新聞に掲載された小さな記事を目にして、その事故を知り、

(あの女の仕業だ!)

と、胴震いせずにはいられなかった。

やはり、雨が降る夜のことだったそうである。

あとがき ——前世はインド人、見ただけよ！

よく初対面の相手に「怪談を書いているんです」と自己紹介をすると、相手はかなりの確率で困惑の苦笑を浮かべるか、無表情になる。

「私、怖い話は苦手なんです」

別に、頼まれもしないのにただで怪談話を語ってあげるほど、お人好しではないのだが、相手が逃げ腰になるのだ。ただし、実話怪談では実際のところ、怖い話よりも不可解な話と遭遇することのほうが圧倒的に多いと思う。これも、その類いの話だ。

私は占いというものをほとんど信じていないが、妻はそこそこ信じているらしい。昔、遊びで前世占いというものをやったところ、〈前世はインド人〉と出たそうだ。

さて、昨年の十二月下旬、自宅でのこと。妻の言動がどことなくインド人を想起させたことがあったので、こう言ってやった。

「やっぱり、前世はインド人なんだな」

もちろん、冗談である。妻は笑っていたが、それから小一時間して、

「あれ？　足に何かついてる……」

見れば、黄な粉のような黄色の粉がズボンの後ろ側、膝から下に沢山付着していた。自力では取り難そうな場所なので、仮留め用の接着テープを使って全部取ってやったが、

「これ、何だ？」

訝しく思い、匂いを嗅いでみると、明らかにカレー粉であった。しかし、我が家にあるカレー粉は一缶だけで、それも蓋をきちんと閉めてあった。不思議に思って、なぜ付着したのかルートを探したが、まったく見つからない。大体、その月は家でカレーを食べていなかったし、前月も市販のルウから作っただけで粉は使っていなかった。また、妻はそのズボンを家でしか着用しないし、家の中にカレー粉が零れた場所はなかった。

結局、なぜ妻のズボンにカレー粉が付着していたのかは謎である。私が「やっぱり、前世はインド人なんだな」と言ってから小一時間後にそんなことが起きたので、怪異に対しては〈否定派寄りの中立派〉の私も、不思議に思えてならなかったものだ。

＊

群馬県最北部、新潟県との県境付近を源とする利根川は〈坂東太郎〉の渾名を持ち、長さでは日本第二位、流域面積では日本第一位の大河として知られている。群馬県内を流れ

る河川のほとんどが、その利根川に流れ込むか、枝分かれした支流である。赤城山の麓、前橋市郊外の住宅地に住む女性Tさん宅の近くを流れる小川も、その一つだ。

今から四十数年前、梅雨の頃だったという。

当時十歳の少女だったTさんが学校帰りにその川沿いの道を歩いていると、黒っぽい動物がいた。体長二十センチほどで、でっぷりと太っている。大きさと姿形、体色などからして、初めはウシガエルかと思った。ところが、近づいてよく見ると、確かに蛙に似たぬめやかな皮膚に覆われているのだが、頭に若草色をした小さな丸い皿がある。しかも口が鴉の嘴のように尖っていた。

（これ、ウシガエルじゃないわ！）

その動物は腹這いの姿勢から、人間のように二本足で立ち上がった。腹は真っ白で、大きな顔をこちらに向けている。丸い黒目は蛙の目とよく似ていた。だが、蛙は壁などに寄り掛かって少しの間、後ろ足で立つことはできても、支えがない状態で長く直立することはできない。Tさんは蛙なら見慣れていて平気だったが、この動物は気味が悪かった。跳びつかれては敵わない、とすぐに逃げ出した。

あとで近所の友達を連れて見に行くと、既にいなくなっていたという。

「だから、見ただけよ！　見たってだけ！　それだけの話でごめんね！」

現場である小川を前にしての取材中、私はTさんから何度も謝られてしまった。

何も、謝らなくってもいいのになぁ……。


以上、「前世はインド人」「見ただけよ！」でした。

なお、本書は場所を書かなかった話も含めて、すべて群馬県内が舞台となっている『上毛怪談集』です。会話に方言を入れた話もありますが、県外の方にも読みやすいように控えめにしました。私の希望を叶えて下さった編集担当様、取材に協力して下さった皆様、そして全国の読者の皆様に厚く御礼を申し上げます。最後に恒例の宣伝ですが、今夏も地元で『高崎怪談会12、13、特別編』を七月二十八日、八月十八日、九月一日（全部土曜日）に開催します。観覧者を広く募集しております。詳細は公式ブログ『高崎怪談会』で発表していますので、ネット検索を。また、ＤＶＤ『怪奇蒐集者　戸神重明』（楽創舎）も発売中です。拙い語りですが、お買い上げいただけるとうれしいです。

それでは、魔多の鬼界に！

二〇一八年　初夏、風の東国にて。

怪談標本箱 雨鬼

2018年7月6日　初版第1刷発行
2021年2月25日　初版第2刷発行

著者　戸神重明
カバー　橋元浩明（sowhat.Inc）
発行人　後藤明信
発行所　株式会社　竹書房
〒102-0072　東京都千代田区飯田橋2-7-3
電話03-3264-1576（代表）
電話03-3234-6208（編集）
http://www.takeshobo.co.jp
印刷所　中央精版印刷株式会社

定価はカバーに表示しています。
落丁・乱丁本は当社までお問い合わせ下さい。

ISBN978-4-8019-1514-5 C0176